RECUEIL

POUR

LA COMMISSION SPÉCIALE

DES

THÉATRES ROYAUX.

1845

IMPRIMERIE DE MADAME DE LACOMBE,
RUE D'ENGHIEN, 42.

RECUEIL

POUR

LA COMMISSION SPÉCIALE

DES

THÉATRES ROYAUX.

———❦———

Mars 1672.

Privilége pour l'établissement de l'Académie royale de Musique, en faveur du sieur Lully.

LOUIS, ETC.,

Les sciences et les arts étant les ornemens les plus considérables des États, nous n'avons point eu de plus agréables divertissemens, depuis que nous avons donné la paix à nos peuples, que de les faire revivre en appelant auprès de nous tous ceux qui se sont acquis la réputation d'y exceller, non seulement dans l'étendue de notre royaume, mais aussi dans les pays étrangers. Et, pour les obliger davantage à s'y perfectionner, nous les avons honorés des marques de notre estime et de notre bienveillance; et comme, entre les arts libéraux, la musique y tient l'un des premiers rangs, nous aurions, dans le dessein de la faire réussir avec tous ses avantages, par nos lettres-patentes du 28 juin 1669, accordé, au sieur Perrin, une permission d'établir, en notre bonne ville de Paris et autres de notre royaume, des Académies de Musique, pour chanter, en public, des pièces de théâtre, comme il se pratique en Italie, en Allemagne et en Angleterre, pendant l'espace de douze années; mais ayant, depuis, été informé que les peines et les soins que ledit sieur Perrin a pris pour cet établissement n'ont pu seconder pleinement notre intention, et élever la musique au point que nous nous l'étions promis, nous avons cru, pour y mieux réussir, qu'il était à propos d'en donner la conduite à une personne dont l'expérience et la capacité nous fussent connues, et qui eût assez de suffisance pour former des élèves, tant pour bien chanter et actionner sur le théâtre, qu'à dresser des bandes de violons, flûtes et autres instrumens. A ces causes, bien informé de l'intelligence et grande connaissance que s'est acquis notre cher et bien aimé Jean-Baptiste Lully au fait de la musique, dont il nous a donné et donne journellement de très agréables preuves depuis plusieurs années qu'il s'est attaché à notre service, qui nous ont convié de l'honorer de la charge de surintendant et compositeur de la musique de notre chambre, nous avons dit au sie r Lully, permis et accordé, permettons et accordons par ces présentes, signées de notre main, d'établir une Académie royale de Musique dans notre bonne ville de Paris, qui sera composée de tels nombre et qualité de personnes qu'il avisera bien être, que nous choisirons et arrêterons sur le rapport qu'il nous en fera, pour faire des représentations devant nous, quand il nous plaira, des pièces de musique qui seront composées tant en vers f ançais qu'autres langues étrangères, pareilles et semblables aux Académies d'Italie, pour en jouir sa vie durant et, après lui, celui de ses enfans qui sera pourvu, en survivance, de ladite charge de surintendant de la musique de notre chambre, avec pouvoir d'associer avec lui qui bon lui semblera pour l'établissement de ladite Académie; et, pour le dédommagement des grands frais qu'il conviendra de faire, pour lesdites représentations, tant à cause du théâtre, machines, décorations, habits, qu'autres choses nécessaires, nous lui permettons de donner au public toutes les pièces qu'il aura composées, même celles qui auront été représentées devant nous, sans néanmoins qu'il puisse se servir, pour l'exécution desdites pièces, des musiciens qui sont à nos gages; comme aussi de prendre telles sommes qu'il jugera à propos et d'établir des gardes et autres gens nécessaires aux portes du lieu où se feront les représentations, faisant très

expresse inhibition et défense à toutes personnes, de quelque
qualité et condition qu'elles soient, même aux officiers de notre
maison, d'y entrer sans payer, comme aussi de faire chanter aucune pièce entière en musique, soit en vers français ou autres
langues, sans la permission, par écrit, dudit sieur Lully, à peine de
dix mille livres d'amende et de confiscation du théâtre, machines,
décorations, habits et autres choses, applicables un tiers à nous, un
tiers à l'hôpital général, et l'autre tiers audit sieur Lully, lequel
pourra établir des écoles particulières de musique en notre bonne
ville de Paris, et partout où il jugera nécessaire, pour le bien et
l'avantage de ladite Académie, et d'autant que nous l'exigerons sur
le pied de celles des Académies d'Italie, où les gentilshommes
chantent publiquement en musique, sans déroger. « Nous vou-
» lons et nous plaît que tous gentilshommes et damoiselles puis-
» sent chanter auxdites pièces et représentations de notre dite
» Académie royale de Musique, sans que, pour cela, ils soient cen-
» sés déroger audit titre de noblesse, ni à leurs priviléges, char-
» ges, droits et immunités. » Révoquons, cassons et annulons, par
ces présentes, tous provisions et priviléges que nous pourrions avoir
ci-devant donnés et accordés, même celui audit sieur Perrin, pour
raison desdites pièces de théâtre en musique, sous quelque nom,
qualité, condition et prétexte que ce puisse être. Si, donnons en
mandement à nos amis et féaux conseillers, les gens tenant notre
cour de parlement à Paris, et autres, nos justiciers et officiers
qu'il appartiendra, que ces présentes ils aient à faire lire, pu-
blier et registrer; et, du contenu en icelles, faire jouir et user ledit exposant pleinement et paisiblement, cessant et faisant cesser
tout trouble et empêchement, au contraire; car tel est notre bon
plaisir. Et, afin que ce soit chose ferme et stable à toujours, nous y
avons fait mettre notre scel.

Donné à Versailles, au mois de mars, l'an de grâce 1672, et de
notre règne, le vingt-neuvième.

Signé : LOUIS.

Et plus bas : COLBERT.

19 avril 1732.

Ordonnance du roi qui interdit à toute personne, de quelque état et
qualité qu'elle puisse être, d'entrer sur le théâtre de l'Opéra.

Sa Majesté étant informée que les ordres qu'elle a fait donner
au directeur de l'Opéra, de ne laisser entrer aucune personne sur
le théâtre, n'étaient pas exécutés, et Sa Majesté, voulant rendre
sa volonté publique à cet égard, a ordonné et ordonne qu'à l'avenir aucune personne, de quelque état et qualité qu'elle puisse
être, ne pourra entrer sur le théâtre de l'Opéra, à l'exception de
celles qui ont loué des loges dont l'entrée est par le théâtre, ou
qui auront des cachets pour aller dans lesdites loges;

Défend très expressément, Sa Majesté, à toutes les personnes
qui ont lesdites loges sur le théâtre, à celles qui ont des cachets
pour y entrer, de se tenir dans les coulisses ni dans les loges des
actrices;

Enjoint, Sa Majesté, au sergent des gardes de l'Opéra, de
tenir la main avec une entière exactitude à l'exécution de la présente ordonnance.

19 avril 1732.

Ordonnance du roi, qui défend expressément, même aux officiers et gens
de la maison du roi, d'entrer à l'Opéra sans payer, et qui fait plusieurs
défenses aux spectateurs pour l'ordre et la police intérieure du spectacle.

Sa Majesté, voulant que les défenses qui ont été faites et qu'elle
a renouvelées à l'exemple du feu roi, d'entrer à l'Opéra sans payer,
et d'interrompre le spectacle, sous aucun prétexte, soient réguliè-
rement observées; et, étant informée que quelques personnes ne
s'y conforment pas aussi exactement qu'elle le désire, Sa Majesté

a fait très expresse inhibition et défense à toutes personnes, de quelque qualité et condition qu'elles soient, même aux officiers de sa maison, gardes, gens d'armes, chevau-légers, mousquetaires et autres, d'entrer sans payer; défend pareillement à tous ceux qui assisteront à ce spectacle, et particulièrement à ceux qui se placeront au parterre, d'y commettre aucun désordre, en entrant ni en sortant, de crier ni de faire du bruit avant que le spectacle commence, de siffler et de faire des huées, d'avoir le chapeau sur la tête et d'interrompre les acteurs pendant les représentations, de quelque manière et sous quelque prétexte que ce soit, à peine de désobéissance; faisant semblables défenses, et sous les mêmes peines, à toutes personnes, d'entrer sur le théâtre de l'Opéra, et de s'arrêter dans les coulisses qui y servent d'entrée, même aux acteurs et actrices d'y paraître avec d'autres habits que ceux du théâtre. Défend aussi, Sa Majesté, à tous domestiques qui portent livrée sans aucune réserve, exception ni distinction, d'entrer à l'Opéra, même en payant, de commettre aucune violence, indécence ou autres désordres aux entrées ni aux environs de la salle où se font les représentations, sous telles peines qu'elle jugera convenables. Ordonne, Sa Majesté, d'emprisonner les contrevenans ; défend expressément à toutes personnes, telles qu'elles puissent être, aux officiers de sa maison et autres, de s'opposer directement ou indirectement à ce qui est ci-dessus ordonné, et d'empêcher par la force, ou autrement, que ceux qui y contreviendront ne soient arrêtés et conduits en prison.

16 thermidor an III.

Loi portant établissement d'un Conservatoire de Musique, à Paris,
pour l'enseignement de cet art.

La convention nationale, après avoir entendu le rapport de
ses comités d'instruction publique et des finances, décrète :

ARTICLE 1er.

Le Conservatoire de Musique, créé sous le nom d'Institut national, par décret du 18 brumaire an II de la république fran-
çaise, est établi dans la commune de Paris pour exécuter et en-
seigner la musique.

Il sera composé de cent quinze artistes.

ART. 2.

Sous le rapport d'exécution, il est employé à célébrer les fêtes
nationales ; sous le rapport d'enseignement, il est chargé de
former des élèves dans toutes les parties de l'art musical.

ART. 3.

Six cents élèves des deux sexes reçoivent gratuitement l'instruction dans le Conservatoire ; ils sont choisis proportionnellement dans tous les départemens.

ART. 4.

La surveillance de toutes les parties de l'enseignement dans ce
Conservatoire, et de l'exécution dans les fêtes publiques, est
confiée à cinq inspecteurs de l'enseignement, choisis parmi les
compositeurs.

ART. 5.

Les cinq inspecteurs de l'enseignement sont nommés par
l'Institut national des sciences et des arts.

Art. 6.

Quatre professeurs, pris indistinctement parmi les artistes du Conservatoire , en forment l'administration , conjointement avec les cinq inspecteurs de l'enseignement.

Ces quatre professeurs sont nommés et renouvelés tous les ans par les artistes du Conservatoire.

Art. 7.

L'administration est chargée de la police intérieure du Conservatoire, et de veiller à l'exécution des décrets du corps législatif ou des arrêtés des autorités constituées relatifs à cet établissement.

Art. 8.

Les artistes nécessaires pour compléter le Conservatoire , ne peuvent l'être que par la voie du concours.

Art. 9.

Le concours est jugé par l'Institut national des sciences et arts.

Art. 10.

Une bibliothèque nationale de musique est formée dans le Conservatoire ; elle est composée d'une collection complète des partitions et ouvrages traitant de cet art, des instrumens antiques ou étrangers, et de ceux à nos usages qui peuvent, par leur perfection, servir de modèles.

Art. 11.

Cette bibliothèque est publique , et ouverte à des époques fixées par l'Institut national des sciences et arts, qui nomme le bibliothécaire.

Art. 12.

Les appointemens fixes de chaque inspecteur de l'enseignement sont établis à *cinq mille livres* par an; ceux du secrétaire à quatre mille livres, ceux du bibliothécaire à trois mille livres.

Trois classes d'appointemens sont établies pour les autres artistes. Vingt-huit places à 2,500 livres forment la première classe ; cinquante-quatre places à 2,000 livres forment la seconde classe ; et vingt-huit places à 1,600 livres forment la troisième classe.

Art. 13.

Les dépenses d'administration et d'entretien du Conservatoire sont réglées et ordonnancées par le pouvoir exécutif, d'après les états fournis par l'administration du Conservatoire ; ces dépenses sont acquittées par le Trésor public.

Art. 14.

Après vingt années de service, les membres du Conservatoire central de Musique ont, pour retraite, la moitié de leurs appointemens : après cette époque, chaque année de service augmente cette retraite d'un vingtième desdits appointemens.

Art. 15.

Le Conservatoire fournit tous les jours un corps de musiciens pour le service de la garde nationale près le corps législatif.

20 janvier 1811.

Décret portant règlement des pensions à accorder pour raison des services relatifs à l'Académie impériale de Musique.

NAPOLÉON, ETC.,

Sur le rapport de la commission de notre Conseil d'Etat, chargé de l'examen des comptes de l'Académie impériale de Musique ;

Vu les règlemens faits pour cet établissement par notre premier préfet du palais, les 5 vendémiaire an XIV et cinquième jour complémentaire an XIII ;

Vu nos décrets du 20 ventôse an XIII et du 21 août 1806, ensemble le rapport de notre ministre du Trésor public, en date du 1er août 1810;

Notre Conseil-d'Etat entendu,

Nous avons décrété et décrétons ce qui suit :

TITRE 1er.

Des fonds retenus pour les pensions.

ART. 1er.

Il continuera d'être fait une retenue sur les traitemens fixes des personnes attachées à l'Académie impériale de Musique, en qualité de membres de l'administration, d'artistes du chant, de la danse ou de l'orchestre; de premier et second machinistes, premier peintre de décoration, premier dessinateur des costumes ; d'inspecteurs particuliers des différentes parties du service, de concierges et d'employés aux écritures dans les bureaux de l'administration.

ART. 2.

Cette retenue est destinée à former un fonds de retraite. Tous les traitemens fixes des personnes désignées en l'article précédent y seront *assujettis à l'avenir*, quelle que soit leur qualité, et quel que soit l'âge des personnes qui jouissent desdits traitemens.

ART. 3.

La retenue ordonnée par les articles précédens sera de deux pour cent sur les traitemens qui ne passeront pas 1.000 francs ;
De trois pour cent sur les traitemens de 1,000 à 2,000 francs ;
De quatre pour cent sur les traitemens de 2,000 à 5.000 francs ;
Enfin, de cinq pour cent sur ceux au-dessus de 5,000 francs.

ART. 4.

Il sera, en outre, fait une retenue de *cinq pour cent* sur toutes les sommes payées aux auteurs et compositeurs, soit à titre de part d'auteur, soit à titre de gratification, après la quarantième représentation. Cette retenue accroîtra le fonds de retraite.

ART. 5.

Le montant de ces retenues *sera versé*, de mois en mois, à la *Caisse d'amortissement*, et le versement ne pourra être négligé ni retardé par quelque motif que ce puisse être.

ART. 6.

Sera *joint* au fonds de retenue, et *versé* de même à la *Caisse d'amortissement,* le *produit des amendes* encourues par les personnes attachées à l'Opéra, dans les cas prévus par les règlemens.

ART. 7.

Les retenues et amendes dont il vient d'être parlé ne pourront, dans aucun cas, et sous aucune forme, être restituées aux personnes qui les auront subies, ni à leurs héritiers.

TITRE II.

Fonds du Trésor pour les pensions.

Art. 8.

Pendant l'espace de six années, à compter du 1er février 1811, le fonds de *quatre-vingt-trois mille cinq cents francs*, inscrit au registre des pensions à la charge du Trésor public, pour servir celles de l'Académie impériale de Musique, conformément à notre décret du 20 ventôse an XII, demeurera affecté à cette destination. En conséquence, les portions de ces fonds qui deviendront disponibles, soit par le décès des pensionnaires, soit à raison de la jouissance qu'ils pourraient avoir, ou qu'ils viendraient à obtenir de quelque traitement d'activité, seront spécialement affectées aux pensions nouvelles que nous jugerons à propos d'accorder aux personnes attachées à ladite Académie.

TITRE III.

Des règles pour accorder des pensions.

Art. 9.

La proposition de nouvelles pensions nous sera faite dans le courant du mois de janvier de chaque année, par le surintendant des spectacles; il nous sera rendu compte en même temps des extinctions qui auront eu lieu pendant le cours de l'année précédente, tant sur le Trésor public que sur la Caisse d'amortissement. Il sera statué sur le tout en Conseil-d'Etat, d'après les règles ci-après.

Art. 10.

Les pensions proposées seront divisées en trois classes :

La première comprendra les pensions réclamées pour accidens graves survenus à des artistes, à des machinistes et à des ouvriers. dans l'exercice de leur emploi, et qui seraient de nature à les em -

pêcher de pourvoir à leur subsistance par leur travail. Ces pensions ne pourront, dans aucun cas, excéder le taux qui sera fixé ci-après, et elles pourront être moindres suivant les circonstances, et suivant la durée plus ou moins longue des services du sujet réclamant.

La seconde classe comprendra celles qui seront dues à l'âge et à la durée du service, et sollicitées par les parties elles-mêmes.

La troisième, enfin, comprendra celles que l'administration demandera pour les artistes qu'il lui paraîtra nécessaire de remplacer, et qui auront d'ailleurs les conditions d'âge et de services prescrites par le présent décret.

Chaque classe ne sera appelée à obtenir des pensions que lorsque les classes précédentes auront obtenu celles auxquelles elles avaient droit.

En cas d'insuffisance de fonds pour faire droit à toutes les demandes des trois premières classes, la préférence sera accordée aux individus les plus infirmes, puis aux plus âgés, enfin, à ceux qui seront le plus dénués de ressources.

Art. 11.

Les pensions de la seconde et troisième classes ne seront réputées acquises qu'après un nombre d'années de services non interrompus, déterminé à raison des différens emplois, ainsi qu'il suit :

Aux membres de l'administration, premier et second machinistes, premier peintre des décorations, premier dessinateur des costumes, inspecteurs particuliers, concierges et employés, après trente années de services, et lorsqu'ils auront atteint, d'ailleurs, l'âge de soixante ans ;

Aux musiciens de l'orchestre, quels qu'ils soient, à l'âge de cinquante ans, après vingt-cinq ans de services ;

Aux artistes des chœurs : pour les hommes, à cinquante ans; pour les femmes, à quarante-cinq ans, après vingt-cinq ans de services ;

Aux artistes du corps des ballets : pour les hommes, à quarante-cinq ans; pour les femmes, à quarante-deux ans, après vingt-deux ans de services ;

Enfin, à tous autres artistes du chant et de la danse, à quarante-deux ans pour les hommes, et à quarante pour les femmes, après vingt ans de services.

Les années devront être révolues et le temps de services avoir été sans interruption et consécutif.

Art. 12.

Les pensions acquises après le temps de services ci-dessus déterminé, et d'après les dispositions de l'article 9 du présent décret, sont divisées en sept classes proportionnées aux appointemens; savoir :

Pour les appointemens :

De	600 à 1,900.	Moitié
De	1,901 à 2,300.	1,000 francs.
De	2,400 à 2,900.	1,200 »
De	3,000 à 4,900.	1,400 »
De	5,000 à 5,900.	1,600 »
De	5,901 à 9,900.	2,000 »
De	10,000 et au-dessus	2,400 »

Art. 13.

Le taux fixé par l'article précédent pour chaque pension à accorder, suivant la proportion des appointemens sera le maximum de ces pensions, lesquelles ne pourront, dans auoun cas, être augmentées , quel que soit le nombre d'années de services et l'âge des pensionnaires.

Art. 14.

Les pensions de 2,000 francs et de 2,400 francs ne pourront être accordées que quand les personnes qui les réclameront auront été, pendant cinq ans révolus, aux appointemens qui y donnent droit; dans le cas contraire, elles ne pourront avoir droit qu'à la pension immédiatement au-dessous.

ART. 15.

A l'avenir, les auteurs et compositeurs ne pourront avoir droit à la pension de 1,000 francs, qui leur est accordée par l'art. 108 du règlement du 1er vendémiaire an XIV, que lorsqu'ils auront mis, au théâtre, trois grands ouvrages ayant obtenu chacun quarante représentations. Cette pension augmentera de 500 francs par chaque grand ouvrage suivant.

Trois actes séparés seront regardés comme un grand ouvrage.

ART. 16.

Aucune pension sur les fonds énoncés au présent décret, pour raison des services relatifs à l'Académie impériale de Musique, ne pourra être cumulée avec un traitement d'activité, soit à l'Opéra, soit dans tout autre établissement.

ART. 17.

Les pensionnaires qui sortiront du territoire de l'empire perdront tout titre à quelque pension que ce soit, réglée ou à régler.

ART. 18.

A la mort d'un pensionnaire, il sera payé à l'époux survivant ou à ses enfans une demi-année de sa pension.

ART. 19.

Notre ministre du Trésor public et notre intendant des spectacles sont chargés, chacun en ce qui le concerne, de l'exécution du présent décret.

1er novembre 1814.

Ordonnance du roi portant règlement pour les pensions de rétraite à accorder aux employés et artistes de l'Académie royale de Musique

TITRE Ier.

Des pensions de retraite.

ARTICLE 1er.

Les pensions de retraite aux employés et artistes de l'Académie royale de Musique seront accordées par nous, sur le rapport qui nous en sera fait par notre ministre secrétaire-d'Etat de notre Maison.

ART. 2.

A cet effet, l'administrateur de l'Académie royale de Musique présentera, chaque année, à notre ministre secrétaire-d'Etat de notre maison :

1° L'état de propositions des pensions nouvelles, avec l'état des services des sujets présentés à la retraite ;

2° L'état des pensions anciennes ;

3° Le tableau des extinctions.

ART. 3.

Indépendamment du tableau général des extinctions dont l'emploi est prescrit par l'article précédent, l'administrateur de l'Académie royale fera connaître les époques précises du décès des pensionnaires dans les trente jours qui le suivront.

ART. 4.

Les pensions de retraite seront divisées en deux classes :

1° Celles qui seront réclamées dans le cas d'accidens graves qui mettent l'individu hors d'état de servir ;

2° Celles qui seront dues à l'âge et au temps de services.

2

ART. 5.

Le temps de services légal pour obtenir la pension de retraite est fixé ainsi qu'il suit :

Chefs, premiers artistes, remplaçans et doubles du chant et de la danse, chefs d'orchestre, solos et instrumens à vent, vingt ans ;

Professeurs, choristes, figurans et musiciens, vingt-cinq ans ;

Machinistes, vingt-cinq ans;

Employés et préposés de l'administration, ainsi qu'ils se trouvent placés à l'art. 24 du présent, trente ans.

ART. 6.

Le temps nécessaire, pour obtenir la pension, datera, savoir :

Pour les artistes de la danse, seize ans;

Pour ceux du chant et de l'orchestre, dix-huit ans;

Pour tous les autres, et pour les employés et préposés de l'administration, vingt-un ans;

Le tout à partir du jour de l'inscription sur l'état-matrice tenu à cet effet.

Il sera remis un double de cet état à notre ministre secrétaire-d'Etat de notre maison, et, à l'avenir, nul ne pourra être porté sur ce registre, sans qu'il en ait été rendu compte à notre ministre.

ART. 7.

Les pensions à accorder, en raison du temps légal de services, sont divisées en huit classes, savoir :

1° Pour les appointemens de	300 à	400 fr.	200 fr.
2°	Id.	400 à	1,900	moitié.
3°	Id.	1,900 à	2,400	1,000
4°	Id.	2,400 à	3,000	1,200
5°	Id.	3,000 à	5,000	1,400
6°	Id.	6,000 à	10,000	1,600
7°	Id.	6,000 à	10,000	2,000
8°	Id.	10,000 à et au-dessus	2,400

Art. 8.

Si un artiste, employé ou préposé vient à être estropié ou blessé au service de l'Académie, en remplissant les fonctions de sa place, et de manière à ne plus pouvoir les continuer, ce qui sera légalement constaté, il aura, dès ce moment, droit à la pension entière, laquelle nous sera demandée, sans attendre l'époque prescrite par l'article 5.

Dans le cas où l'artiste, employé ou préposé aurait, avant son accident, droit à la pension entière pour ses années de services, sa pension recevra un accroissement de 200 francs pour celui porté aux deux premières classes établies en l'article précédent, et, pour les autres, du vingtième, pour chaque année de services en sus des vingt ans, sans que cela puisse excéder le maximum fixé ci-après :

3ᵉ classe	. . .	1,500 francs.
4ᵉ id.	. . .	1,800
5ᵉ id.	. . .	2,100
6ᵉ id.	. . .	2,400
7ᵉ id.	. . .	5,000
8ᵉ id.	. . .	4,000

Art. 9.

Tout artiste, employé ou préposé qui, par des services non interrompus, aura rempli le temps légal fixé par l'article 5, aura droit à un accroissement d'un vingtième, d'un vingt-cinquième ou d'un trentième en sus de la pension acquise, conformément aux charges désignées en l'article 7, sans cependant que cet accroissement puisse excéder les maximum fixés en l'article précédent, pour les individus qui prendront leur retraite pour cause de blessures.

Art. 10.

Tout artiste du chant, de la danse et de l'orchestre, qui aura acquis une pension après le temps de services légal, ne pourra exer-

cer son talent que dans les villes qui sont à plus de vingt lieues de
Paris, à moins qu'il n'obtienne une autorisation spéciale de notre
ministre secrétaire-d'Etat de notre maison; dans aucun cas, cette
autorisation ne pourra être demandée pour exercer à Paris.

Art. 11.

Tout artiste, ou autre employé et préposé, qui, pour cause d'accident ou d'infirmité, aurait acquis une pension avant le temps de services légal, cessera d'en jouir s'il s'engage à un autre théâtre; mais
s'il recouvre l'usage de ses talens, et qu'il veuille en profiter, il
pourra, en renonçant à cette pension, rentrer à l'Académie, où il lui
sera accordé le rang et les appointemens dont il sera susceptible, et,
dans ce cas, ses anciens services à l'Académie lui compteront de
nouveau pour le règlement de la pension à laquelle il aura droit lors
de sa retraite définitive.

Art. 12.

Les pensions de 2,000 et 2,400 fr. ne pourront être accordées
que lorsque les personnes qui les réclameront auront été, pendant
trois ans révolus, aux appointemens qui y donnent droit. Dans le
cas contraire, la pension sera réglée d'après les appointemens dont
elles jouissaient précédemment.

Sont exceptées de cette dernière disposition les pensions acquises pour infirmités ou blessures constatées, ainsi qu'il est dit en
l'article 8.

Art. 15.

Si un artiste, après le temps légal de services pour obtenir la pension entière, restait en activité dans un emploi inférieur, il fera
préalablement régler ses droits à la pension, laquelle restera suspendue jusqu'à l'époque où il se retirera définitivement, pour,
alors, ressortir son plein et entier effet. Cette pension s'accroîtra
d'un vingtième par année de services dans le dernier emploi et dans
la proportion seulement des appointemens qui y étaient atta-

chés, sans pouvoir, en aucun cas, dépasser le maximum fixé en l'article 8.

TITRE II.

Des pensions de réforme.

ART. 14.

Tout premier artiste, remplaçant et double du chant et de la danse, qui, après dix ans de services non interrompus, sera dans le cas d'être réformé, aura droit à une pension de moitié de celle à laquelle il aurait pu prétendre s'il avait eu vingt ans de services; et il recevra, par chaque année en sus des dix ans, une augmentation d'un dixième sur cette pension ainsi réduite.

ART. 15.

Tout autre employé ou préposé, artiste du chant et ballets, ou toute autre personne dénommée au présent règlement, qui recevra son congé après quinze ans de services, aura une pension proportionnelle au temps de services légal qu'il est obligé de faire. Chaque année de services au-dessus de quinze ans augmentera proportionnellement la pension ainsi réduite.

Aucune pension de réforme ne pourra être accordée sans le consentement préalable de notre ministre secrétaire-d'Etat, qui la présentera ensuite à notre approbation.

ART. 16.

Toute retraite volontaire, avant l'expiration du temps de services ci-dessus fixé, fera perdre tout droit à une pension de retraite.

ART. 17.

Sont exceptés du bénéfice des dispositions ci-dessus, tous ceux qu'une conduite répréhensible et des faits graves auraient mis dans le cas de recevoir sur-le-champ leur congé avant vingt ans de services.

Art. 18.

Tout individu qui se sera mis dans le cas d'être réformé avant le terme de dix ans ou de quinze ans, prévu par les articles 14 et 15, ne pourra, s'il rentre à l'Académie, compter, pour obtenir la pension, que du jour de sa rentrée.

TITRE III.

Des auteurs et compositeurs.

Art. 19.

Les auteurs et compositeurs de trois grands ouvrages qui auront obtenu chacun quarante représentations auront droit à une pension de 1,000 fr.; cette pension augmentera de 500 fr. pour chacun des grands ouvrages qu'il aura donnés depuis.

Trois actes séparés seront considérés comme un grand ouvrage.

Les maîtres des ballets auront la moitié des mêmes droits et aux mêmes conditions.

Les pensions accordées en exécution des deux précédens paragraphes ne pourront, dans aucun cas, excéder la somme de 5,000 francs par an.

TITRE IV.

Des veuves et enfans.

Art. 20.

Dans le cas où un membre de l'administration, ou artiste du chant et de la danse, ou préposé, viendrait à décéder en activité de services, ayant acquis le droit à la pension entière, sa veuve pourra prétendre au tiers de la pension que son mari aurait obtenue s'il se fût retiré à l'expiration de son temps de services. Cette pension pourra s'élever à la moitié si la veuve est âgée de plus de soixante ans; dans tous les cas, elle devra justifier de plus de cinq ans de mariage, et qu'elle n'a point divorcé.

Dans le cas où le mari, venant à décéder dans le veuvage, laisserait des enfans nés de légitime mariage, ces enfans auront droit aux deux tiers de la pension à laquelle la veuve aurait pu prétendre, jusqu'à ce que le dernier ait atteint l'âge de douze ans accomplis.

Art. 21.

Les dispositions de l'article précédent s'appliquent aux veuves et enfans des artistes, employés et préposés qui seraient décédés jouissant d'une pension de retraite déjà fixée, mais seulement dans le cas où cette pension leur aurait été acquise en vertu des art. 5, 6, 7 et 8 du présent règlement.

Art. 22.

A la mort d'un pensionnaire, il sera payé à l'époux survivant ou aux enfans; six mois seulement de sa pension.

TITRE V.

Du fonds des pensions.

Art. 25.

Le fonds de 85,500 fr., inscrit au registre des pensions, à la charge du Trésor public, pour servir celles de l'Académie royale de Musique, continuera à être affecté à cette destination. En conséquence; les portions de ces fonds qui deviendront disponibles par le décès des pensionnaires, ou par toute autre cause, seront spécialement affectées au paiement des pensions que nous jugerons à propos d'accorder aux personnes attachées à l'Académie royale de Musique, sur la proposition de notre ministre secrétaire d'Etat de notre maison.

Art. 24.

Il continuera d'être fait une retenue sur tous les traitemens fixes de toutes les personnes attachées à l'Académie royale de Musique, en qualité de membres de l'administration, d'artistes du chant ou de l'orchestre, de premier et second machinistes, premier peintre de décorations, premier dessinateur de costumes, d'inspecteurs particuliers des différentes parties du service, concierges et employés aux écritures dans les bureaux.

ART. 25.

Cette retenue est destinée à former un fonds de retraite. Elle sera de 2 p. cent sur les traitemens au-dessous de 1,000 fr.; de 3 p. cent, de 1,000 à 2,000 fr.; de 4 p. cent, de 2,000 à 5,000 fr.; enfin, de 5 p. cent au-dessus de 5,000 fr.

Il sera fait une retenue de 5 p. cent sur toutes les sommes payées aux auteurs et compositeurs, soit à titre de part d'auteurs, soit à titre de gratification après la quarantième représentation.

ART. 26.

Le produit des amendes sera joint au fonds de retenue.

ART. 27.

Pour accroître les fonds des pensions, l'Académie royale de Musique pourra donner, chaque année, quatre représentations extraordinaires, connues antérieurement sous le nom de représentations de capitation. Les personnes attachées à l'Académie qui ont droit à une pension, ne pourront, sous aucun prétexte, réclamer une indemnité quelconque sur le produit de ces représentations, sauf les droits de présence des artistes et les honoraires d'auteurs.

ART. 28.

Le produit des retenues ci-dessus, celui des représentations, ainsi que le remboursement des sommes versées à la caisse d'amortissement, provenant des retenues exercées sur les appointemens, sera placé par l'administration de l'Académie royale de Musique, et en son nom, sur le Trésor public, en inscriptions de rentes à 5 p. cent, pour faire un fonds de pensions.

Ces placemens, qui se feront aussitôt et à mesure de la rentrée des fonds, seront déposés entre les mains d'un caissier choisi par notre ministre secrétaire-d'Etat de notre maison, et exclusivement employés à l'acquittement des pensions de l'Académie royale de Musique.

Art. 29.

Le budget de l'Académie royale de Musique fixera, chaque année, la somme nécessaire au paiement des pensions excédant le fonds de 83,500 francs. Ce budget sera arrêté par notre ministre secrétaire-d'Etat de notre maison.

Paris, 1er novembre 1814.

Signé : LOUIS.

Et plus bas, par le roi,

Signé : BLACAS-D'AULPS.

6 septembre 1815.

Arrêté accordant une indemnité aux artistes et employés ou préposés de l'Académie royale de Musique, privés de leur état par suite d'accidens graves.

Nous, comte de Pradel, directeur-général de la Maison du roi, ayant le portefeuille,

Considérant que l'art. 8 de l'ordonnance du roi du 1er novembre 1814, qui accorde une pension entière à l'artiste employé ou préposé de l'Académie royale de Musique, estropié ou blessé au service, en remplissant les fonctions de sa place, n'est que la continuation d'une disposition des règlemens qui ont régi ce théâtre, depuis le 19 ventôse an IX (10 mars 1801);

Considérant qu'il est dans les intentions bienveillantes de Sa Majesté de venir au secours des sujets de son Académie royale de Musique, qui, par suite des accidens graves prévus par l'art. 8 de l'ordonnance du roi, sont dans l'obligation de quitter la carrière du théâtre;

Et voulant, à cet égard, donner à ces artistes, employés ou préposés, un témoignage de l'intérêt qu'inspire leur position,

Avons arrêté et arrêtons ce qui suit :

ARTICLE PREMIER.

Tout artiste, employé ou préposé de l'Académie royale de Musique, qui, par suite d'accidens graves survenus au théâtre, et dans l'exercice de ses fonctions, se trouverait privé de son état, sans espoir de l'exercer sur aucun autre théâtre, recevra une indemnité équivalente à une année de ses appointemens sans retenue.

ART. 2.

On n'aura droit à l'indemnité fixée ci-dessus que quand l'administration de l'Académie royale de Musique aura acquis la certitude que l'artiste, employé ou préposé, est dans l'impossibilité de reprendre ses fonctions.

ART. 3.

Le paiement de l'indemnité ne s'effectuera que sur notre autorisation, d'après le rapport qui nous en aura été fait par l'Intendant-général des Menus-Plaisirs.

ART. 4.

Tout artiste, employé ou préposé qui, victime d'accidens graves, reprendrait ses fonctions après le rétablissement de sa santé, ne pourra réclamer l'indemnité accordée par le présent, dans le cas même où il serait obligé de cesser une seconde fois ses fonctions, et sous le prétexte que cette cessation de service serait causée par sa blessure.

ART. 5.

Indépendamment des dispositions précédentes, tout artiste, employé ou préposé, estropié ou blessé dans l'exercice de ses fonctions, recevra, pour maximum d'indemnité de frais de maladie, le montant d'une année de la pension qui lui serait accordée conformément à l'ordonnance du roi, du 1er novembre 1814, dans le cas où il serait obligé de quitter le théâtre.

ART. 6.

L'intendant-général de l'Argenterie, Menus-Plaisirs et Affaires de la Chambre du roi, est chargé de l'exécution du présent, qui sera inscrit comme article réglementaire sur les registres de l'administration de l'Académie royale de Musique.

Donné au Château des Tuileries, le 6 septembre 1815.

Le Comte DE PRADEL.

16 novembre 1815.

Ordonnance du roi concernant les représentations à bénéfice. (Académie royale de Musique.)

Louis, par la grâce de Dieu, roi de France et de Navarre ;

Voulant introduire dans les divers services dépendans du ministère de notre Maison, l'ordre et la sévère économie que les circonstances commandent, et voulant concilier entre elles les dispositions du règlement de notre Académie royale de Musique du 23 septembre 1805, celles du décret du 8 août 1807, et celles des diverses autres lois, ordonnances et arrêtés relatifs aux représentations à bénéfice qui peuvent à l'avenir être données sur le théâtre de l'Académie royale de Musique ;

Considérant que l'article 112 du règlement du 23 septembre 1805, corroboré et confirmé dans ses dispositions par tous les autres réglemens établis sur cet objet, accorde une représentation à bénéfice à tous premiers artistes de l'Académie royale de Musique qui aura fait un service non interrompu de trente années ;

Considérant que si, d'une part, il est convenable de récompenser de longs et utiles services par une représentation à bénéfice, il est abusif et contraire au bon ordre d'accorder de ces représentations sur le théâtre de l'Académie royale de Musique à des acteurs des autres théâtres, ou à des acteurs de l'Académie royale de Musique qui seraient en activité de service , ou qui n'auraient pas servi l'espace de temps voulu par les règlemens ;

Considérant enfin que les représentations à bénéfice sont contraires aux intérêts de l'Académie royale de Musique en ce qu'elles exigent presque constamment des frais extraordinaires, et en ce qu'elles nuisent au produit des représentations qui les précèdent et les suivent.

Sur le rapport de notre ministre secrétaire-d'État de notre Maison,

Nous avons ordonné et ordonnons ce qui suit :

ARTICLE PREMIER.

A dater de ce jour, il ne sera accordé de représentations à bénéfice sur le théâtre de l'Académie royale de Musique, qu'aux premiers artistes de ce théâtre, dans le chant et de la danse, y ayant fait un service non interrompu de vingt-cinq ans.

ART. 2.

Auront également droit à une représentation à bénéfice : les premiers artistes, remplaçans, et doublures du chant et de la danse qui seraient grièvement blessés, sur le théâtre ou dans les coulisses, en remplissant leurs fonctions. Cette représentation sera accordée par le ministre de notre Maison, sur le rapport qui lui en sera fait par l'intendant-général des Menus-Plaisirs; et, pour y avoir droit, il devra être légalement constaté qu'il y a eu fracture ou blessure assez grave pour menacer l'acteur de la perte de son état.

Les représentations à bénéfice dont il est question au présent article ne pourront, sous aucun prétexte, comporter une augmentation dans le prix des places, et auront lieu dans la quinzaine de l'accident.

ART. 3.

A dater du 1er janvier 1816, les sommes nécessaires pour indemniser les individus, autres que ceux dénommés aux articles précédens, estropiés dans l'exercice de leurs fonctions, et forcés par-là de quitter le théâtre, seront prélevées sur les fonds des dépenses imprévues de l'Académie royale de Musique. L'indemnité sera d'une année de traitement.

ART. 4.

En exécution des dispositions qui précèdent, et de celles de l'article 1er du titre Ier du décret du 8 août 1807, il ne sera permis dorénavant à aucun acteur et actrice d'un théâtre autre que l'Académie royale de Musique, d'y donner une représentation à bénéfice ; lesdites représentations devant, à l'avenir, n'avoir lieu que sur le théâtre même auquel l'acteur ou l'actrice est attaché.

Art. 5.

Il est spécialement défendu à tout acteur ayant, aux termes des présentes, droit à une représentation à bénéfice, de donner, pour cette représentation, des ouvrages non encore représentés, et dont par conséquent le succès serait incertain. A cet effet, le choix des ouvrages représentés sera prononcé et réglé par le ministre, sur le rapport de l'intendant-général de nos Menus-Plaisirs, qui toutes les fois que cela ne nuira pas aux intérêts de l'administration, pourra proposer la remise au théâtre d'un ouvrage ancien, d'un succès assuré, et qui serait de nature à rester au répertoire de l'Académie royale de Musique.

Art. 6.

Il sera toutefois permis aux comédiens de nos divers théâtres royaux de s'entr'aider mutuellement dans la composition de leurs représentations à bénéfice, de telle sorte que, pour donner à ces représentations plus d'intérêt et de variété, les comédiens d'un de nosdits théâtres royaux pourront contribuer à la représentation à bénéfice d'un comédien d'un autre théâtre, le tout sans préjudicier en aucune manière aux droits des administrations respectives.

Art. 7.

Sont et demeurent abrogés ceux des articles des lois, règlemens et arrêtés que ces présentes ne confirment point ou remplacent, et notamment les dispositions de l'arrêté du 6 septembre 1815 ; de telle sorte, qu'à dater de ce jour, la présente ordonnance ait seule caractère et force de loi en matière de représentation à bénéfice sur le théâtre de l'Académie royale de Musique.

Art. 8

Le ministre secrétaire-d'État de notre Maison est chargé de l'exécution de la présente ordonnance.

Donné au Château des Tuileries, le 16 du mois de novembre, l'an de grâce 1815, et de notre règne le vingt-deuxième.

Signé LOUIS.

Pour copie conforme :

L'Intendant-général de l'Argenterie, Menus-Plaisirs, et Affaires de la Chambre du roi,

Signé DE LA FERTÉ.

18 janvier 1816.

Ordonnance du roi portant règlement des droits et honoraires, ainsi que des obligations imposées aux auteurs et compositeurs des ouvrages représentés à l'Académie royale de Musique.

Louis, par la grâce de Dieu, roi de France et de Navarre, etc.

Voulant régler les droits et honoraires, ainsi que les obligations des auteurs et compositeurs qui donneront à l'avenir des opéras et des ballets sur le théâtre de l'Académie royale de Musique, sur le rapport du Ministre secrétaire-d'État de notre Maison,

Avons ordonné et ordonnons ce qui suit :

TITRE Ier.

Du Paiement des honoraires des auteurs et compositeurs.

ARTICLE PREMIER.

Les honoraires de chacun des auteurs, soit du poème, soit de la musique, si l'ouvrage et les divertissemens qui y sont attachés remplissent la durée du spectacle, seront réglés ainsi qu'il suit :

Pour quarante représentations, n°s 1 à 40 inclusivement, 250 fr.

Pour les suivantes, à quelque nombre qu'elles s'élèvent, 100 fr.

ART. 2.

Si l'ouvrage ne remplit pas la durée du spectacle et qu'il faille ajouter un ballet, les droits ci-dessus seront réduits aux deux tiers.

ART. 3.

A l'égard des opéras en deux ou un acte, le droit de chacun des auteurs du poème et de la musique est fixé ainsi qu'il suit :

170 francs pour quarante représentations, n°s 1 à 40 inclusivement ;

50 francs pour chaque représentation suivante.

ART. 4.

Les droits des compositeurs de ballets en deux ou trois actes seront réglés ainsi qu'il est dit à l'art. 3.

ART. 5.

Pour tout ballet en un acte, les droits des compositeurs seront réduits aux deux tiers de ceux portés en l'art. 3.

Les honoraires du compositeur de la musique resteront à la charge du compositeur des ballets.

ART. 6.

Les droits d'auteurs déterminés par les art. 1, 2, 3, pour les opéras seulement, seront réduits à moitié pour les ouvrages dont les poèmes seront traduits ou parodiés ; quant à ceux remis avec des changemens, l'administration en traitera de gré à gré avec les auteurs, suivant l'importance des changemens. Les mêmes dispositions sont applicables aux compositeurs de la musique.

Dans aucun cas, les compositeurs de ballets ne pourront avoir droit à des honoraires pour la remise des ballets dont ils ne sont pas auteurs, quelle que soit l'importance des changemens qu'ils y auront faits.

ART. 7.

Il sera fait, ainsi qu'il est dit à l'art. 25 de notre ordonnance du 1er novembre 1814, une retenue de 5 pour cent sur les sommes payées aux auteurs et compositeurs vivans.

ART. 8.

La part d'auteurs est un dépôt sacré, toujours prêt à être remis à leur fondé de pouvoir ou à eux-mêmes, à leur première réquisition.

5

TITRE II.

Des droits et des obligations des Auteurs et des Compositeurs.

ART. 9.

Les auteurs et compositeurs auront leurs entrées à l'orchestre ou à l'amphithéâtre, savoir : pour un ouvrage en un acte, pendant un an ; pour un ouvrage en deux actes, pendant deux ans ; pour un ouvrage en cinq actes, cinq ans.

ART. 10.

Deux grands ouvrages donnent entrée pour dix ans ; trois pour la vie.

ART. 11.

Il sera accordé à chacun des auteurs et compositeurs, pour six représentations de leurs ouvrages, n° 1 à n° 6, vingt billets à chacun, d'une personne chaque, savoir : quatre billets d'orchestre, quatre d'amphithéâtre et douze de parterre.

Pour les représentations suivantes, ce nombre sera réduit à deux billets d'amphithéâtre, deux billets d'orchestre et quatre de parterre, toujours d'une personne chaque.

ART. 12.

La distribution des rôles et pas des nouveaux ouvrages appartient aux auteurs, si mieux ils n'aiment le faire de concert avec l'administration ; après la dixième représentation de l'ouvrage, l'administration a le droit de faire remplir ces mêmes rôles ou pas par des artistes à son choix.

ART. 13.

L'édition du poème est une propriété de l'auteur ; il sera libre de le faire imprimer où il voudra, à la charge d'en remettre soixante exemplaires à l'administration.

Il en sera de même pour les programmes des ballets.

ART. 14.

Tout ouvrage dont la mise en scène aura été arrêtée, ne pourra être donné sur aucun théâtre qu'un an après la permission qui en aura été accordée par le ministre de notre maison, sur le rapport de l'intendant de nos Menus-Plaisirs ; si l'ouvrage est mis en scène, les auteurs ne pourront le retirer qu'à la vingtième représentation, en remboursant les frais de sa mise.

ART. 15.

La représentation d'un ouvrage dont le succès s'affaiblirait et ne produirait qu'une recette médiocre, pourra être suspendue, sans égard aux réclamations des auteurs.

ART. 16.

Tous les arrêtés, décrets et réglémens contraires au présent sont abrogés.

ART. 17.

Le ministre de notre maison est chargé de l'exécution de la présente ordonnance, qui n'aura son exécution qu'à dater de ce jour.

Fait aux Tuileries, le 18 janvier 1816.

Signé : LOUIS.

14 Décembre 1816.

Lettre de M. l'Intendant-général de l'Argenterie, des Men :s-Plaisirs et Affaires de la Chambre du roi, adressée à M. Choron, concernant l'admission à la pension des ouvriers infirmes de l'Académie royale de Musique.

Je vous préviens, Monsieur, que d'après la demande que j'ai formée en faveur des ouvriers infirmes de l'Académie royale de Musique, M. le comte de Pradel a décidé, le 14 de ce mois, qu'ils seraient admis à la pension, à compter du 1er janvier 1817, et que , dorénavant, tous les ouvriers de l'Académie royale de Musique seraient assimilés aux autres employés sous le rapport de la pension.

Les ouvriers devront, en conséquence, contribuer à l'accroissement des fonds de retenues, conformément aux réglemens, et ils jouiront des bienfaits de la caisse de vétérance.

Vous voudrez bien prendre les mesures nécessaires pour que cette décision reçoive son exécution, à partir du 1er janvier 1817.

Recevez, Monsieur, l'assurance de ma parfaite considération.

L'Intendant-général de l'Argenterie, Menus-Plaisirs,
et Affaires de la Chambre du roi ;

Signé : DE LA FERTÉ.

6 Mars 1817.

Décision du Roi, qui autorise à rendre passible de la retenue de trois pour cent, au profit de la caisse de vétérance, toutes les personnes salariées par l'Académie royale de Musique.

RAPPORT AU ROI.

Sire ,

Par une ordonnance du 1er novembre 1814, Votre Majesté a assuré le sort des artistes et employés de l'Académie Royale de Musique, qui, par leur âge et leurs services, sont dans le cas d'obtenir des pensions de retraite.

Mais les dispositions de cette ordonnance ne s'appliquent qu'aux membres de l'administration, aux artistes du chant, de la danse, de l'orchestre, et aux principaux préposés.

Cependant les autres employés ne sont pas dans une situation moins intéressante, et je crois pouvoir appeler la sollicitude de Votre Majesté sur leur sort,

J'ai l'honneur de proposer à V. M. de décider que toutes les personnes salariées par l'Académie royale de Musique, et portées sur les états d'appointemens, à quelque titre que ce soit, seront passibles de la retenue, et participeront, en conséquence, aux bienfaits de la caisse de vétérance de l'Opéra.

Ainsi , on pourrait ajouter à l'ordonnance du 1er novembre 1814, un chapitre ainsi conçu :

« Quant aux ouvriers, contrôleurs et tous autres préposés, ils subissent sur leurs traitemens une retenue de trois p. 100, qui sera versée à la caisse de vétérance de l'Académie royale, et leurs pensions de retraite seront réglées, conformément aux dispositions de l'ordonnance du 1er novembre 1814, sur les retraites de votre Maison. »

« Toutefois, les employés qui n'auront qu'un traitement au-dessous de 400 fr., pourront obtenir de 250 à 300 fr., s'ils ont reçu des blessures dans l'exercice de leurs fonctions, ou si leurs charges et leur position les rendent susceptibles d'obtenir cette faveur; considérations qui seront appréciées par le ministre de votre Maison. »

Les présentes dispositions recevront leur exécution à compter du 1er janvier 1817.

Je prie le roi de me donner ses ordres.

Approuvé,

Signé : LOUIS.

Paris, le 6 mars 1817.

12 mars 1822.

Ordonnance du Roi qui admet les employés ou préposés seulement de l'administration de l'Académie Royale de Musique à faire valoir, dans la liquidation de leurs pensions, leurs services antérieurs dans l'armée, les administrations publiques ou la maison du Roi.

RAPPORT AU ROI.

Sire,

L'ordonnance du Roi du 1er novembre 1814, portant règlement pour les pensions de retraite des artistes et employés de l'Académie royale de Musique, différente en cela des ordonnances sur le même sujet en vigueur dans diverses autres administrations, ne tient pas compte au vétéran des années employées à des services publics, étrangers à celui de l'Académie royale.

Cette même ordonnance, en accordant aux veuves des pensionnaires, la reversibilité de partie de la pension de leur mari, impose cette condition que « dans tous les cas, la veuve devra justifier de plus de cinq ans de mariage et qu'elle n'a pas divorcé. »

Ces dispositions nous ont, l'une et l'autre, paru exiger quelque modification.

C'est à dessein sans doute, et avec raison, que l'artiste de l'Opéra, du quel on n'exige pour établir son droit à la pension de retraite que vingt années de service, ne soit pas admis à faire compte des années qu'il aurait pu consacrer à d'autres services que celui de l'Académie royale de Musique, outre qu'il est fort rare qu'un chanteur, un danseur ou un symphoniste ait couru une autre carrière que celle de son art. Mais peut-être il n'en est pas de même à l'égard des employés de l'administration, auxquels on n'accorde la pension de retraite qu'après trente ans de service,

et qui, assimilés d'ailleurs, par leur état, aux employés des administrations en général, auraient à subir, en ce seul point, une
exception fâcheuse.

Quant à la disposition concernant les veuves, la sagesse de l'intention qui l'a dictée] est manifeste ; on a voulu prévenir l'effet
abusif de mariages contractés *in extremis*, dans la seule vue d'assurer à une veuve, la réversibilité d'une pension de retraite.
Mais cette prévoyance et cet abus sont impossibles de la part de
celui qui est impunément frappé, dans l'exercice de ses fonctions,
d'un accident mortel, et la rigueur d'un tel sort semble réclamer
en faveur de sa veuve, quelle qu'ait été la durée de son mariage.

Par ces considérations, nous croyons devoir supplier le Roi
d'ajouter à l'ordonnance du 1er novembre 1814 les deux dispositions
qui font l'objet de celle dont nous avons l'honneur de soumettre le projet à Sa Majesté.

Approuvé,

Signé : LOUIS.

ORDONNANCE DU ROI.

Louis, par la grâce de Dieu, roi de France et de Navarre :
A tous ceux qui ces présentes verront, salut.

Considérant que notre ordonnance du 1er novembre 1814,
concernant les pensions de retraite à accorder aux employés et
artistes de notre Académie royale de Musique, se tait sur la faculté réservée aux employés des administrations en général, de
faire compte afin d'obtention de la pension de vétérance, non
seulement des années qu'ils ont passées au service dans lequel ils
ont atteint l'âge de retraite, mais de celles aussi qu'ils auraient
antérieurement consacrées à tout autre service public, et qu'ainsi
les employés de l'administration de l'Académie royale de Musique,
soumis d'ailleurs aux mêmes obligations que ceux des autres ad-

ministrations publiques, ont été en ce qui concerne les moyens d'obtention de la pension de retraite, moins bien traités que leurs pairs.

Examen fait de cette même ordonnance en ce qui concerne le sort réservé aux veuves des pensionnaires, ou ayans droit à pension, vu particulièrement la disposition qui exclut de tout droit à pension la veuve qui ne pourrait justifier de cinq années au moins de mariage; considérant que cette disposition, sagement prise pour prévenir l'abus des mariages *in extremis* ou contractés par des vieillards ou des infirmes, dans la seule vue d'assurer à une veuve la reversibilité d'une pension de retraite, est sans motifs pour le cas de veuvage résultant d'un accident imprévu; et voulant, en cela, ainsi qu'en ce qui concerne le compte des années de services, afin d'obtention de la pension de retraite, réformer et amplifier notre ordonnance du 1er novembre 1814,

Avons ordonné et ordonnons ce qui suit :

ARTICLE PREMIER.

Les employés de l'administration de l'Académie royale de Musique, appelés à jouir du bénéfice de notre ordonnance du 1er novembre 1814, concernant les pensions de retraite, qui, antérieurement à leur entrée à l'administration de ladite Académie, auront été employés dans l'armée, dans l'administration publique ou dans celle de notre maison ou liste civile, pourront faire valoir cette partie de leurs services suivant les ordonnances ou règlemens en vigueur dans le département auquel ils auront appartenu, pourvu qu'ils aient dix ans au moins de service, soit dans notre maison ou liste civile, soit dans l'administration de notre Académie royale de Musique, et qu'ils justifient qu'il ne leur a pas été accordé de pension de leur ancien département, à raison des services qu'ils y auraient rendus.

ART. 2.

La disposition ci-dessus est applicable aux seuls employés spécifiés en l'ordonnance du 1er novembre 1814, sous le titre : Employés et préposés de l'administration, et le bénéfice n'en peut être réclamé pour autres que pour eux.

ART. 3.

L'obligation imposée par l'article 20 de notre ordonnance du 1er novembre 1814, aux veuves qui prétendent à la reversibilité de partie de la pension de leur mari, de justifier de cinq années de mariage, n'est point applicable à celles dont le veuvage serait ou l'effet immédiat ou la suite d'un accident imprévu, accompagné des circonstances spécifiées en l'article 8 de ladite ordonnance. Dans ce cas, il suffira à a veuve de justifier que son mariage était antérieur, de quelque temps que ce fût, à l'accident imprévu qui a causé son veuvage.

Notre ministre secrétaire-d'État au département de notre maison, est chargé de l'exécution de la présente ordonnance.

Donné au château des Tuilleries, le 12 mars de l'an de grâce 1822, et de notre règne le vingt-septième.

Signé : LOUIS.

Et plus bas, *Signé :* LAURISTON.

11 *Octobre 1822*.

Arrêté de l'Intendant des Théâtres royaux, portant réglement des entrées accordées aux artistes de l'Académie royale de Musique.

Nous, intendant des théâtres royaux,

Ouï les observations qui nous ont été adressées ultérieurement
à la délibération de l'administration, en date du 17 octobre
1818, et de notre arrêté du 4 novembre 1817,

Avons arrêté et arrêtons ce qui suit :

ARTICLE PREMIER.

Les premiers sujets et remplacemens de l'Académie royale de
Musique, chant et danse, continueront d'avoir leurs entrées,
comme par le passé, à l'orchestre, à l'amphithéâtre des premières et aux secondes de côté.

ART. 2.

Les doubles auront leurs entrées à l'amphithéâtre de premières,
à l'orchestre et aux troisièmes de côté.

ART. 3.

Les jours où les entrées de faveur ne sont pas suspendues, les
loges des avant-scènes aux troisièmes seront réservées aux artistes
du chant et de la danse, premiers sujets, remplacemens et doubles, sans qu'aucun étranger puisse y être introduit, même en
payant.

ART. 4.

Lorsque les demoiselles du chant et de la danse (premiers
sujets, remplacemens et doubles) se présenteront accompagnées
de leurs mères, ou d'une personne qui leur en tiendra lieu, et qui
aura été agréée par l'administration, elles auront indéfiniment
place aux troisièmes d'avant-scène, et non ailleurs.

Les femmes des premiers sujets seront, en outre, reçues aux
secondes de côté ; celles des doubles aux quatrièmes de côté.

Art. 5.

Les choristes et figurans continueront d'aller aux quatrièmes et non ailleurs ; et, lorsque les demoiselles du corps seront accompagnées de leurs mères, elles ne pourront avoir place, comme par le passé, qu'à l'amphithéâtre des quatrièmes.

Les femmes des choristes et figurans ne sont point admises.

Art. 6.

L'entrée à la porte sera refusée aux mères qui se présenteront sans être accompagnées de leurs filles.

Art. 7.

Les entrées aux pensionnaires n'auront lieu, pour les artistes du chant et de la danse, que d'après le grade dans lequel ils auront été retraités ; et, pour les autres pensionnaires, qu'à raison des billets de service qui leur auront été alloués pendant leu temps d'activité, par l'état de distribution arrêté par le ministre le 1er avril 1821.

Art. 8.

Les anciens arrêtés ou règlemens qui sont en vigueur, et qui ne sont pas modifiés ou détruits par le présent, doivent être exécutés strictement.

Art. 9.

La délibération du 27 octobre 1818 et l'arrêté du 4 novembre de la même année sont et demeureront supprimés.

Art. 10.

Le directeur de l'Académie royale de Musique sera chargé de l'exécution du présent arrêté, dès qu'il aura été revêtu de l'approbation de Son Excellence le Ministre de la maison du Roi.

Paris, le 11 octobre 1822.

Signé : Le Baron DE LA FERTÉ.

Approuvé par le ministre,

Signé : Le Marquis DE LAURISTON.

7 Novembre 1825.

Arrêté qui modifie l'article 60 du règlement du 5 mai 1821, et qui fixe les dommages-intérêts dus par l'artiste quittant le service, sans en avoir obtenu l'autorisation, à cinq années du traitement dont il jouissait au moment de sa désertion.

Nous, aide-de-camp du roi, chargé du département des Beaux-Arts ;

Vu les articles 57 et 60 du règlement du 5 mai 1821, concernant l'Académie royale de Musique ;

Considérant :

1° Qu'aux termes du premier de ces articles, les artistes qui passent de la classe des doubles à celle des remplacemens ou premiers sujets, acquièrent le droit, comme ils en contractent l'obligation, de rester engagés à l'Académie royale de Musique jusqu'à l'expiration de la quinzième année qui se sera écoulée depuis le jour de leur réception et de la position de leur engagement comme doubles ;

2° Qu'en vertu des dispositions de l'art. 60, l'artiste qui, au mépris des conditions prescrites par les réglemens, quitte le service, sans en avoir obtenu l'autorisation, n'est tenu envers l'Académie royale de Musique, qu'à des dommages et intérêts fixés à une somme égale à celle d'une année de traitement, dont il jouissait à l'instant de sa désertion, et qu'il n'existe aucune parité entre les droits de l'administration obligée de conserver, pendant quinze ans, l'artiste admis comme remplacement ou premier sujet, et ceux de ce même artiste qui, moyennant l'abandon d'une faible indemnité, peut se dégager de ses obligations, et voulant rétablir cette parité d'une manière plus équitable, nous avons arrêté qu'il serait substitué à l'art. 60 du susdit règlement, celui dont la teneur suit :

ART. 60.

(du réglement du 5 mai 1821).

« Tout artiste qui, au mépris des conditions prescrites par les articles précédens, quitte le service sans en avoir obtenu l'autorisation, est tenu, envers l'Académie royale de Musique, à des dommages et intérêts invariablement fixés à une somme égale à celle de cinq années de traitement dont il jouissait à l'instant de sa désertion, et au paiement de laquelle il est contraignable par toutes les voies de droit. »

M. l'administrateur de l'Académie royale de Musique est chargé de l'exécution du présent arrêté.

Paris, le 7 novembre 1825.

Signé : le Vicomte DE LAROCHEFOUCAULD.

29 *Novembre* 1825.

Ordonnance du roi qui interdit aux personnes attachées à la fois à l'Académie royale de Musique et à l'École royale de Musique et de Déclamation, de cumuler plusieurs pensions sur la caisse de vétérance.

RAPPORT AU ROI.

SIRE,

Une ordonnance du roi, du 1er novembre 1814, a fixé le mode
de liquidation des pensions de retraites imputables sur les fonds
de la caisse de vétérance de l'Académie royale de Musique. Par
une décision subséquente, il a été arrêté que les services rendus
dans les établissemens destinés aux arts de la musique et de la
scène, et particulièrement dans l'École royale qui a succédé au
Conservatoire, trouveront leur récompense dans les pensions
allouées sur les fonds de la caisse de l'Académie royale de Musique.

Les dispositions de l'ordonnance du 1er novembre 1814 ont, en
conséquence, été rendues applicables aux artistes, professeurs et
employés, soit de l'Académie, soit de l'École royale.

Mais l'ordonnance dont il est question présente une lacune
qu'il devient important de remplir, et dans l'intérêt du bon ordre,
et dans celui de l'Académie royale. Aucune disposition n'a prévu
le cas où un fonctionnaire aurait appartenu à la fois à l'Académie
et à l'École royale, et il est bon de remarquer que cette position
est à peu près celle de tous les professeurs distingués ; les mêmes
personnes ont dû être appelées au service de la chapelle, puisque
les choix de l'autorité, dans ces divers services, devaient se fixer
sur les talens les plus distingués et sur les hommes les plus re-
commandables.

Le résultat de cet état de choses a été de rendre les mêmes individus aptes à jouir de trois pensions, dont deux doivent être soldées par la même caisse. Or, il y a évidemment ici un effet très opposé aux intentions du roi, intentions révélées dans tous les actes de la volonté royale, qui ont eu pour objet de fixer la législation des différentes caisses de vétérance du royaume. Il suffit, en effet, de la lecture des ordonnances relatives aux pensions accordées dans les départemens de la guerre, de l'intérieur, de la justice, de la marine et des finances, pour se convaincre qu'aucun fonctionnaire ne peut cumuler deux pensions de retraite sur la même caisse.

La volonté du roi s'est plus positivement exprimée dans l'art. 33 de l'ordonnance du 3 décembre 1814, sur la caisse de vétérance de la maison de Sa Majesté. Cet article dit textuellement :

« Les officiers, administrateurs et autres personnes employées
» dans notre maison et liste civile, qui y seraient pourvues de deux
» charges ou emplois, en pourront prétendre à une double pen-
» sion, à raison de leur double service, et quoiqu'ils aient dû sup-
» porter la retenue fixée par les présentes sur chacun de leurs
» traitemens ; mais la pension à laquelle ils arront droit sera
» réglée d'après celui de leurs emplois qui leur présentera le plus
» d'avantages. »

Je pense que les précédentes dispositions, conformes à tous les principes, et qu'on est étonné de ne pas retrouver dans l'ordonnance du 1er novembre 1814, doivent faire l'objet d'un article additionnel à cette ordonnance. Toutefois, pour ne pas alarmer les personnes qui peuvent avoir des titres à diverses pensions par leurs divers services, j'estime qu'il suffirait qu'une décision de Votre Majesté prescrivît le cumul de deux pensions sur l'une des caisses dépendant de l'administration de sa maison.

En général, on doit considérer la faculté de cumuler plusieurs emplois dans un même département comme une faveur et un témoignage honorable de la part de l'autorité, et il ne me semble pas raisonnable d'étendre encore cette faveur en la faisant servir de motif à une récompense qui survivrait aux avantages qu'elle a procurés.

Je pense donc que les artistes et professeurs qui vont se trouver atteints par cette mesure, ne pourront avec justice élever aucune réclamation; ils jouiront encore d'une faculté assez avantageuse à leurs intérêts, en conservant leurs droits à cumuler les pensions qu'ils pourront obtenir sur la caisse de vétérance de la maison du roi, et sur celle de l'Académie royale de Musique. Ils verront qu'un même sentiment de justice a présidé à la décision qui conserve leurs intérêts dans ce dernier cas, et qui leur fait éprouver une suppression désavantageuse sous d'autres rapports. Il est, en effet, incontestable que les fonds qui servent à alimenter les deux caisses de pensions, ont une origine toute différente, et que, par conséquent, toutes les lois de finances permettent le cumul des retraites imputées sur chacune d'elles.

D'après ces considérations, je supplie le roi de vouloir bien signer le projet d'ordonnance ci-joint.

Signé : le vicomte DE LAROCHEFOUCAULD.

Paris, le 29 novembre 1825.

Approuvé,

Signé : CHARLES.

ORDONNANCE DU ROI.

CHARLES, par la grâce de Dieu, roi de France et de Navarre, à tous ceux qui ces présentes verront, salut :

Vu les dispositions de l'ordonnance, du 5 décembre 1814, sur les pensions de retraite de notre maison;

Vu notamment l'article 33 de cette ordonnance, qui défend le

4

cumul des pensions aux personnes qui occupent plusieurs emplois dans notre maison;

Considérant que, par une omission contraire aux principes reconnus par les lois du royaume sur la liquidation des pensions de retraite, l'ordonnance du 1er novembre 1814 n'a prescrit aucune disposition conforme à ces principes dans l'organisation de la caisse de vétérance de l'Académie royale de Musique, de l'École royale de Musique et de Déclamation, et autres établissemens;

Nous avons ordonné et ordonnons ce qui suit :

ARTICLE PREMIER.

A l'avenir, et à dater de ce jour, aucune personne attachée, à quelque titre que ce soit, à la fois à l'Académie royale de Musique, à l'École royale de Musique et de déclamation, et autres établissemens d'arts, dont les retraites sont imputables sur la caisse de vétérance de l'Académie royale de Musique, ne pourront cumuler plusieurs pensions sur ladite caisse. Mais, conformément aux dispositions de l'article 33 de l'ordonnance du 5 décembre 1814, sur les pensions de retraite de notre maison, les personnes précédemment désignées pourront faire établir leurs droits à la pension d'après celui de leurs emplois qui leur présentera le plus d'avantages.

ART. 2.

Notre aide-de-camp, chargé du département des Beaux-Arts, est chargé de l'exécution de la présente ordonnance.

Donnée en notre château des Tuileries, le vingt-neuvième jour du mois de novembre de l'an de grâce 1825, et de notre règne le deuxième.

Signé : CHARLES.

Signé : le vicomte DE LAROCHEFOUCAULD.

28 Mai 1826.

Rapport au roi, tendant à maintenir, par exception à l'ordonnance du 29 novembre 1825, relative au cumul des pensions sur la caisse de vétérance, les dispositions de la loi du 16 thermidor an III, en faveur des professeurs du Conservatoire.

SIRE,

L'ordonnance royale, du 29 novembre 1825, relative aux pensions de retraite sur la caisse de l'Académie royale de Musique, porte : qu'à l'avenir, et à compter de ce jour, aucune personne attachée, à quelque titre que ce soit, à la fois à l'Académie royale de Musique et à l'École royale de Musique et de Déclamation, ou autres établissemens d'art, dont les retraites sont imputables sur la caisse de vétérance de l'Académie royale de Musique, ne pourront cumuler plusieurs pensions sur ladite caisse.

Cependant, la loi du 16 thermidor an III, a assuré aux professeurs du Conservatoire le droit à une pension de retraite sur la caisse de cet établissement, avant qu'il ne fût devenu École royale de Musique et de Déclamation. Ce droit a subsisté dans son intégrité tant que l'École royale a fait partie des attributions du ministère de l'intérieur. Il ne saurait donc être aboli par le seul fait de la réunion de cet établissement à la maison du roi.

Le principe de l'ordonnance du 3 décembre 1814, qui a servi de base à celle du 29 novembre 1825, est antérieur de deux années à l'époque de la réunion dont il s'agit, effectuée en 1816, et n'a pu, en conséquence, statuer à l'égard de l'École royale, et sur un état de choses qui n'existait pas encore.

Les dispositions de l'ordonnance du 29 novembre 1825, ne peuvent, en équité comme en droit rigoureux, rétroagir à l'égard des professeurs attachés à l'École royale avant la réunion de cet établissement à l'Académie royale de Musique.

Cet état de choses porte à croire que les membres de l'ancien Conservatoire seraient fondés à réclamer le maintien de leurs droits; et l'on pense qu'il serait digne de la bienveillance de Votre Majesté de prévenir leur vœu, et c'est dans ce but que j'ai l'honneur de proposer à Votre Majesté de consacrer, par une décision, la reconnaissance du droit attribué par la loi du 16 thermidor an III, aux membres de l'ancien Conservatoire, nonobstant la prohibition d'ailleurs des autres pensions dont ils pourraient jouir, à tout autre titre, sur la liste civile.

Je crois devoir faire observer à Votre Majesté que cette exception ne s'applique qu'à un très petit nombre de professeurs, et que, dès lors, il n'en résultera qu'une charge presque insensible pour le Trésor.

J'attends les ordres du roi.

Signé : vicomte DE LAROCHEFOUCAULD.

Paris, le 28 mai 1826.

Approuvé,

Signé : CHARLES.

23 Avril 1828.

Rapport au roi concernant les droits de l'époux survivant et ceux des enfans des employés et artistes de l'Académie royale de Musique, et faisant interprétation de l'article 22 de l'ordonnance du 1er novembre 1814.

SIRE,

L'article 22 de l'ordonnance du roi, du 1er novembre 1814, portant règlement pour la pension de retraite à accorder aux employés et artistes de l'Académie royale de Musique, a donné lieu à beaucoup de discussions, et a reçu diverses interprétations dont il importe au bien du service de Votre Majesté de fixer l'incertitude.

Cet article, faisant justice de la série des dispositions relatives aux veuves et enfans des artistes et employés de l'Académie royale de Musique, décédés en activité de service, ou jouissant d'une pension de retraite déjà fixée, est ainsi conçu : A la mort d'un » pensionnaire, il sera payé, à l'époux survivant ou aux enfans, » six mois seulement de sa pension. »

Le bénéfice de cet article appartient-il exclusivement à la veuve qui n'a point droit à la pension, et non à celle qui remplit les conditions voulues par le règlement pour cette pension? cette interprétation semblerait résulter de l'esprit de l'ordonnance ; elle a d'ailleurs l'avantage d'être conforme aux principes généralement admis en administration; autrement on constituerait, en faveur de la veuve, une faculté exorbitante du droit commun, celle de cumuler la pension à laquelle elle peut avoir droit en vertu des articles 20 et 21 de l'ordonnance susdite, et l'indemnité accordée par l'art. 22 de la même ordonnance.

Les adversaires de cette opinion ont soutenu que la disposition de l'art. 22 était générale, absolue, qu'elle s'appliquait également à la veuve qui réunissait en sa personne les conditions requises pour faire régler sa pension d'après les articles 20 et 21, et à celle qui, dépourvue des titres nécessaires pour être admise à la pension, ne pouvait réclamer que le semestre qui lui est accordé par l'art. 22, à titre de secours et d'indemnité. Cette dernière doctrine a été consacrée par une décision du ministre de la maison du roi, en date du 9 juillet 1822.

Sur une nouvelle difficulté qui s'était élevée, et qui consistait à savoir si le semestre touché par la veuve, à l'époque du décès de son mari, ne devait pas être défalqué des arrérages de la pension ultérieurement réglée, une nouvelle décision du ministre, à la date du 11 septembre de la même année, avait statué que la veuve, nonobstant l'indemnité du semestre, devait toucher, sans défalcation le montant de la pension à laquelle elle avait droit, à partir du jour du décès de son mari.

Malgré ces antécédens, et dans une affaire identique, le ministre de la maison du roi est revenu sur la jurisprudence qu'il avait paru vouloir établir, et, par une décision du 12 février 1823, après avoir arrêté, en principe général, que le bénéfice de l'article 22 de l'ordonnaece du 1er novembre 1814 est acquis incontestablement à toutes veuves de pensionnaires, même à celles qui auraient droit par elles-mêmes à la pension dont s'agit aux art. 20 et 21 de l'ordonnance, il admet cette réserve que cette pension ne pourra courir que par suite de celle du mari décédé, c'est-à-dire à partir de l'expiration du semestre dont s'agit à l'article 22 précité.

Cette variété de principes et d'application, également fâcheuse pour les ayant droit au bénéfice des art. 20, 21 et 22 de l'ordonnance, est nuisible au bien du service dont elle entrave la marche, est survenue sans doute du défaut, dans l'ordonnance, d'une disposition explicite, relative aux veuves ou enfans qui n'ont point droit à la pension.

C'est pour obvier à ces inconvéniens et faire cesser des difficultés qui se renouvellent à chaque affaire de ce genre, que je prie le roi de revêtir de son approbation une disposition additionnelle à l'art. 22 de l'ordonnance du 1er novembre 1814; laquelle dis - position déclare formellement que le bénéfice de cet article est exclusivement applicable à la veuve ou aux enfans qui n'ont point droit à la pension.

J'aurai l'honneur de mettre sous les yeux du roi quelques considérations qui pourront déterminer Votre Majesté à sanctionner cette délibération.

Je rappellerai d'abord le principe généralement reconnu et appliqué en administration, que la veuve d'un employé qui veut se prévaloir des services de son mari pour obtenir une pension, ne peut cumuler cette pension avec l'indemnité accordée à la veuve qui ne se présente point avec les titres nécessaires pour prétendre à la pension; qu'il n'y a aucune raison pour traiter plus favorablement la veuve de l'artiste et de l'employé de l'Académie royale de Musique qui se trouve dans le premier cas, c'est-à-dire ayant droit à la pension: qu'au contraire, la nécessité d'une sage et sévère économie, milite en faveur d'un fonds modique que le règlement a affecté à un service spécial, et dont il a circonscrit l'emploi dans des bornes étroites.

D'un autre côté, si l'on veut se pénétrer des vrais principes de l'équité, on les trouvera contraires à cette accumulation de bénéfices sur une classe de veuves. L'ordonnance partage implicitement, et par le fait, les veuves en deux catégories. Dans la première, vient se ranger la veuve qui, par la longueur du service de son mari, et suivant d'autres conditions prévues par le règlement, a droit à une portion plus ou moins forte de la pension dont jouissait son mari; c'est la disposition des articles 20 et 21 de l'ordonnance; dans la seconde, se trouvent placées les veuves qui, n'apportant à la pension aucun titre requis, reçoivent seulement l'indemnité fixée par l'article 22. Sans doute, la veuve de la première classe est dans une situation plus favorable; aussi est-elle bien mieux traitée par l'ordonnance : son sort

est assuré; elle jouira, jusqu'à la fin de sa vie, d'une pension déterminée, tandis que la veuve de la seconde catégorie n'a droit
qu'à un faible secours, une fois payé. Cependant le mari de cette
dernière pouvait avoir bien mérité, par de longs services, et tomber
au terme où il aurait eu, en mourrant, la consolation de laisser
à sa veuve un meilleur sort. L'équité ne s'oppose t-elle pas à ce
que l'on traite, d'une manière que l'on pourrait comparativement
appeler rigoureuse, cette seconde classe de veuves, pour reporter
toutes les faveurs sur celles de la première classe, et leur accorder le cumul de la pension fixée par les articles 20 et 21, et l'indemnité dont il est question en l'article 22, au détriment de la
masse, et, parconséquent, au préjudice de ceux qui, présente-
ment ou ultérieurement, peuvent avoir des droits à faire valoir
sur cette masse ?

Il est présumable que telle n'a pas été l'intention du législateur.
Cette présomption acquiert plus de gravité si l'on se reporte au
règlement de l'Académie royale de Musique du 1er vendémiaire
an XIV (23 septembre 1805). En effet l'article 22 de l'ordonnance du 1er novembre 1814 et la copie textuelle de l'article 109
du règlement de vendémiaire, à l'exception du mot seulement,
ajouté dans l'article 22 de l'ordonnance. Or, le règlement de vendémiaire n'accordait aucune pension aux veuves, mais seulement
l'indemnité de semestre fixée par son article 109, disposition repro-
duite dans l'article 22 de l'ordonnance de 1814. Il est donc plus que
probable que cet article se sera glissé inaperçu dans l'ordonnance. C'est ainsi que, tiré du règlement de vendémiaire, où il
était bien placé, il aura été transporté dans l'ordonnance de 1814,
sans la modification que les articles 20 et 21 qui le précèdent devaient lui faire subir pour le mettre en harmonie avec leurs dispositions et les usages généralement suivis en pareille matière.

L'intérêt général de l'administration, la nature et l'exiguité du
fonds dont il s'agit, l'esprit probable de l'ordonnance, de puissantes
raisons d'équité et de justice distributive, concourent donc

ici pour déterminer Votre Majesté à apporter, à l'article 22 de l'ordonnance du 1ᵉʳ novembre 1814, la modification que j'ai l'honneur de lui proposer.

Je prie, en conséquence, le roi de donner son approbation aux motifs consignés au présent rapport, et de sanctionner la disposition additionnelle à l'art. 22 de l'ordonnance du 1ᵉʳ novembre 1814, dont la teneur suit :

Art. 22. — « A la mort d'un pensionnaire, il sera payé à l'époux « survivant ou aux enfans, six mois seulement de sa pension.

» La disposition du présent article n'est applicable qu'à la » veuve ou aux enfans qui n'ont pas droit à la pension. »

Paris, 23 avril 1828.

Signé : le vicomte DE LAROCHEFOUCAULD.

Approuvé,

Signé : CHARLES.

28 *Février 1831.*

Arrêté de M. le comte Montalivet, ministre de l'intérieur, pour créer une commission spéciale, chargée de surveiller l'exécution du cahier des charges de l'entreprise de l'Académie royale de Musique.

Nous, ministre secrétaire-d'Etat au département de l'intérieur, avons arrêté et arrêtons ce qui suit :

Une commission spéciale sera chargée de surveiller l'exécution du cahier des charges imposé aujourd'hui à M. Véron, directeur-entrepreneur de l'Académie royale de Musique. Elle nous fera des rapports sur la situation de cet établissement, et sur le nouveau mode d'administration, adopté dans ledit cahier des charges de ce jour, 28 février 1831.

Sont nommés membres de cette commission :

MM. le duc DE CHOISEUL, pair de France, président ;

Edmond BLANC, avocat aux conseils du roi et à la Cour de cassation, membre de la commission chargée par nous d'examiner l'état actuel des théâtres;

Armand BERTIN, rédacteur du *Journal des Débats*;

D'HENNEVILLE, inspecteur du mobilier de la liste civile ;

ROYER-COLLARD, chef de division des Beaux-Arts.

Un secrétaire sera ultérieurement nommé par nous et attaché à ladite commission.

Fait à Paris, le 28 février 1831.

Signé : MONTALIVET.

Lettre de M. le comte d'Argout, ministre du commerce et des travaux publics, à M. le duc de Choiseul, président de la commission de surveillance des théâtres royaux, sur la position des artistes et employés de l'A-
cadémie royale de Musique qui sont dans l'intention de conserver leurs
droits à la retraite, depuis que l'administration de l'Académie Royale
de Musique est confiée à un directeur-entrepreneur.

MONSIEUR LE DUC,

La Chambre des députés ayant adopté le chapitre des subventions aux théâtres royaux et à la caisse des pensionnaires de
l'Opéra, pour l'année 1832, je pense qu'il est urgent de donner
cours au travail que la commission a proposé, pour régler les retraites des artistes et employés qui ne sont plus en activité de service, et qui ont acquis des droits à la pension.

Je recevrai successivement les propositions que la commission
croira devoir faire à cet effet, et qu'elle appuiera de toutes les pièces qui constateront les droits; il sera essentiel de préciser, pour
chaque pensionnaire, les années de service, l'emploi qu'il a
occupé, le traitement fixe dont il a joui, et l'article du règlement
du 1er novembre 1814 qui lui est applicable.

Les artistes et employés engagés par M. Véron, depuis le
1er juin 1831, ne me paraissant pas pouvoir acquérir des droits à
une pension, leurs appointemens ne doivent pas être assujettis à la
retenue, c'est un des avantages du nouveau mode d'administration, puisque, avec le temps, la caisse des pensions cessera d'être
une charge des subventions.

Les artistes et employés que l'entrepreneur a trouvés en activité de service au 1er juin dernier, et qu'il a conservés, sont seuls
passibles de la retenue; et encore doit-on exempter ceux qui de-

mandent que leurs appointemens soient payés intégralement, renonçant aux retenues qu'ils ont subies et à toute pension future.

Il convient donc, Monsieur le Duc, que la commission fasse établir un état nominatif de tous les artistes et employés qui désirent rester assujettis aux conditions destinées à garantir leurs droits éventuels à la pension. Cet état, qui sera émargé pour acceptation, indiquera, pour chacun d'eux, l'âge, l'emploi, le traitement en mai 1831, et la date de l'entrée. La retenue sera uniformément de 5 pour 100, dérogeant en cela au règlement de 1814, attendu que la Chambre a admis ce principe, que les subventions ne pourraient, à l'avenir, être délivrées qu'en faveur des services frappés de ce maximum de retenue.

A l'égard des acteurs dramatiques, compositeurs et maîtres de ballets, il est juste de respecter les droits de ceux qui ont fait jouer un ou plusieurs ouvrages sous l'empire des mêmes règlemens, s'ils en réclament le maintien et s'ils consentent à subir, comme par le passé, une retenue de 5 pour 100 sur des honoraires calculés conformément à la décision de janvier 1816. Du reste, les acteurs et compositeurs qui n'ont encore fait représenter aucun ouvrage ne pourront être admis à la retenue, lors même qu'ils le désireraient. Ils auront à régler leurs droits, comme ils l'entendront, avec M. Véron, pendant la durée de son bail.

Agréez, etc.

Le pair de France, ministre du commerce et des travaux publics,

Signé : D'ARGOUT.

18 *Mai* 1832.

Lettre de **M.** le comte de **M**ontalivet, ministre de l'intérieur, à **M.** le duc de **C**hoiseul, président de la commission de surveillance des théâtres royaux, sur les pensions de réforme à accorder aux artistes et employés de l'Académie royale de **M**usique.

Monsieur le Duc,

J'ai reçu successivement les liquidations préparées par la commission à l'effet de régler les droits des artistes admis à la retraite. J'ai donné mon approbation à ces liquidations, et j'ai autorisé le paiement des arrérages dus jusqu'au 1ᵉʳ avril dernier.

L'examen des propositions de la commission me met dans le cas de provoquer sa délibération sur une question qui paraît importante.

D'après l'article 24 du premier cahier des charges, en date du 28 février 1831, le directeur-entrepreneur n'est, en aucune manière, tenu de pourvoir au paiement des pensions auxquelles ont droit les artistes et employés engagés avant sa gestion; mais, d'après l'article 25, il doit observer les règlemens particuliers de l'Opéra envers les personnes valablement engagées sous le régime qui a précédé.

Cette clause, ainsi que plusieurs autres, tant du premier que du second cahier des charges, démontrent que l'Académie royale de Musique n'est pas régie par le seul pouvoir du directeur-entrepreneur, et que les artistes ont conservé des droits qui ont pour appui le gouvernement, éclairé par la commission de surveillance.

Ce principe posé, je remarque au règlement du 1ᵉʳ novembre 1814, relatif aux pensions, art. 14, que tout premier artiste qui, après dix ans de services non interrompus, sera dans le cas d'être réformé, aura une pension; mais je vois, art. 15, qu'aucune pension de réforme ne pourra être accordée sans le consentement de l'autorité supérieure.

Ne résulte-t-il pas du rapprochement de ces deux dispositions et de l'art. 25 du cahier des charges, qu'au nombre des droits conservés par les premiers sujets est celui de ne pouvoir être réformés du chef de l'entrepreneur, lorsque le cas de réforme n'a pas été jugé valable par la commission de surveillance et le ministre?

En priant la commission d'examiner cette question, je n'ai pas l'intention de revenir sur le passé; je désire seulement être mis à même de prononcer sur ce qui doit être observé à l'avenir.

M. Valentino s'est trouvé dans le cas prévu par l'article 14. La pension ne paraît devoir être réglée qu'à 1,125 francs à partir du 1er octobre; l'avertissement n'ayant été donné qu'à la fin de mars, l'Etat ne lui doit rien avant l'expiration des six mois, et, d'un autre côté, ses services ayant cessé le 1er juillet sur un engagement au théâtre Ventadour, il n'est pas possible de lui compter le trimestre de juillet à octobre.

Agréez, etc.

Pour le pair de France, ministre du commerce et des travaux publics,

Le pair de France, ministre de l'intérieur,

Signé : MONTALIVET.

21 *Juin* 1832.

Arrêté du ministre du commerce et des travaux publics sur la mise en réforme des employés de l'Académie royale de Musique.

Le ministre secrétaire-d'Etat au département du commerce et des travaux publics ;

Sur le rapport de la commission de surveillance, en date du 29 mai dernier.

ARRÊTE :

ARTICLE PREMIER.

Aucun artiste, préposé et employé de l'Académie royale de Musique, ayant droit à une pension proportionnelle, ne pourra être mis à la réforme sans le consentement préalable de la commission de surveillance, approuvé par le ministre.

ART. 2.

Il ne pourra être rien changé, par le directeur, à la condition des artistes, préposés et employés de l'Opéra, ayant droit à une pension proportionnelle, ni des premiers sujets ou remplaçans de la danse ou du chant, attachés à l'établissement par un engagement de quinze ans, en vertu des règlemens, sans le consentement préalable de la commission de surveillance, approuvé par le ministre.

Signé : Comte D'ARGOUT.

28 *Juin* 1832.

Lettre de M. le comte d'Argout, ministre du commerce et des travaux publics, à M le duc de Choiseul, approuvant les conclusions de la commission sur les pensions de réforme.

MONSIEUR LE DUC,

J'ai approuvé les conclusions du rapport de la commission, en date du 21 juin, relativement aux pensions de réforme, et j'ai l'honneur de vous adresser une expédition de l'arrêté que j'ai pris à ce sujet.

Je ne puis trop recommander à la commission de veiller à son exécution.

Je suis, etc.

Le pair de France, ministre secrétaire-d'Etat du commerce et des travaux publics,

Signé : Comte D'ARGOUT.

31 Août 1832.

Ordonnance du roi relative à la création d'une Caisse spéciale de retraite pour le Conservatoire de Musique.

Louis Philippe, roi des Français, à tous présens et à venir, salut.

Sur le rapport de notre ministre secrétaire-d'Etat au département du commerce et des travaux publics ;

Vu la loi du 16 thermidor an III, portant établissement d'un Conservatoire de Musique à Paris ;

Considérant que, dès l'organisation du Conservatoire, le gouvernement avait reconnu la nécessité d'assurer une retraite aux artistes qui y sont attachés; mais que les dispositions de la loi susdatée, qui avaient pour objet de régler les pensions auxquelles ils pourraient avoir droit, n'ont plus d'application depuis le décret du 13 septembre 1806;

Notre conseil-d'Etat entendu,

Nous avons ordonné et ordonnons ce qui suit :

TITRE PREMIER.

Création de la Caisse spéciale.

ARTICLE PREMIER.

Il est créé, pour le Conservatoire royal de Musique, une caisse particulière, destinée aux paiemens des pensions de retraite qui seront, à l'avenir, accordées aux directeur, professeurs et employés de cet établissement.

ART. 2.

Les revenus de la caisse se composent :

1° du produit d'une retenue de 5 pour 100 opérée sur tous les traitemens, gratifications, indemnités et émolutions accordés aux directeur, professeurs et aux employés du Conservatoire;

5.

2° Du montant du premier mois d'appointemens de tout artiste ou employé nouvellement nommé;

3° Du montant, pendant le premier mois, de la portion dont les traitemens pourront être augmentés;

4° Du montant des retenues de traitemens pour congés ou autremement, pourvu qu'il n'excède pas, dans l'année, un mois de traitement;

5° De la recette de concerts ou exercices publics qui seraient donnés par les professeurs et élèves du Conservatoire, déduction faite des frais.

ART. 3.

Ces recettes seront versées à la caisse des dépôts et consignations, chargée du paiement des pensions. La liquidation de ces pensions aura lieu dans les mêmes formes que pour les administrations dépendantes du ministère du commerce et des travaux publics.

TITRE II.

Conditions d'admission et fixation de la pension.

ART. 4.

Les services du directeur, des professeurs et des employés ne seront comptés pour droit à une pension de retraite qu'à partir de l'âge de vingt ans accomplis.

ART. 5.

Ne pourront être admis les années de surnumérariat ou de service non rétribué, ni le temps des congés emportant suspension de traitement; ni les services rendus jusqu'au moment d'une démission volontaire ou d'une révocation.

ART. 6.

La quotité de la pension du directeur, des professeurs et employés sera déterminée d'après la moyenne des appointemens fixes dont ils auront joui pendant les quatre dernières années de leur activité. Les indemnités et les gratifications ne seront pas comptées dans cette évaluation.

ART. 7.

Le directeur et les professeurs qui seront duement autorisés à cesser leurs fonctions, après vingt ans révolus de services effectifs au Conservatoire de Musique, auront droit à une pension sur la caisse spéciale de cet établissement.

Cette pension sera du tiers du traitement fixe, pour vingt ans de service, et s'accroîtra du soixantième dudit traitement par chaque année de service au-delà de vingt ans, sans pouvoir excéder la moitié du traitement.

ART. 8.

Néanmoins, le directeur et les professeurs qui compteront quinze ans révolus de services effectifs dans l'établissement, auront droit à pension, s'ils sont mis à la réforme, soit pour cause d'infirmités graves duement constatées, soit par suite de la suppression de leur emploi, et, dans ce cas, la pension ne sera payée qu'à partir de l'âge de quarante ans révolus, et sera, pour chaque année de service, d'un soixantième du taux moyen du traitement des quatre dernières années d'activité.

ART. 9.

Les employés du Conservatoire de Musique n'auront droit à pension qu'après trente ans révolus de services effectifs salariés par l'Etat, et soixante ans d'âge; moitié au moins de ces services devront avoir été rendus dans cet établissement.

La pension sera du tiers du taux moyen des quatre dernières années de leur traitement fixe;

Néanmoins, en cas d'infirmités graves, duement constatées ou de suppression d'emploi, il pourra être accordé une pension aux employés qui compteraient vingt-cinq ans de services et cinquante ans d'âge. La pension sera liquidée dans la proportion établie au paragraphe précédent.

Art. 10.

Aucune pension ne pourra excéder la moitié de la moyenne du traitement d'activité durant les quatre dernières années.

Art. 11.

Les liquidations seront établies sur le nombre effectif des années, mois et jours de services.

Art. 12.

Les directeurs, professeurs et employés réformés pour une des causes exprimées aux articles 8 et 9 de la présente ordonnance, après cinq ans révolus de services effectifs, et sans avoir droit à pension, recevront, à titre d'indemnité, une fois payée, six mois de leur traitement annuel ; mais ils ne pourront prétendre en aucun cas au remboursement des retenues qu'ils auront subies.

TITRE III.

Secours aux Veuves.

Art. 13.

Lorsqu'un directeur, professeur ou employé décédera en activité de service, ayant acquis droit à pension, sa veuve pourra obtenir, à titre de secours, un tiers de la pension qui aurait été accordée à son mari, s'il eût été admis à la retraite.

Il n'y aura pas lieu à ce secours :

1° Si la veuve est âgée de moins de trente ans et sans enfans;

2° Si elle est mariée depuis moins de cinq ans;

3° Si elle est en état de séparation de corps;

4° Enfin, si elle ne prouve pas qu'elle n'a pas de moyens d'existence équivalens à la pension de son mari.

Art. 14.

Les dispositions de l'article précédent seront applicables aux veuves des directeur, professeurs et employés qui décéderont jouissant d'une pension de retraite fixée et liquidée en exécution du présent règlement.

Art. 15.

Il ne pourra être liquidé de nouvelles pensions sur la caisse du Conservatoire de Musique, qu'après qu'il aura été constaté que cette caisse présente les moyens suffisans pour les acquitter.

Art. 16.

Notre ministre secrétaire-d'État au département du commerce et des travaux publics est chargé de l'exécution de la présente ordonnance, qui sera insérée au *Bulletin des Lois*.

Donné à Neuilly, le 31 août 1832.

Signé : LOUIS-PHILIPPE.

Par le roi.

Le pair de France, ministre secrétaire-d'État du commerce et des travaux publics,

Signé : Comte D'ARGOUT.

10 Novembre 1832.

D'après les instructions de M. le ministre du commerce et des travaux publics, la commission de surveillance auprès de l'Académie royale et du Conservatoire de Musique est chargée d'exposer à MM. les artistes, employés et préposés de l'Opéra, quelle est leur position à l'égard de la caisse des pensions de ce théâtre.

1° Les artistes, employés et préposés qui étaient attachés à l'Académie royale au 31 mai 1831, et qui n'ont pas été réformés ou mis à la retraite, continuent à acquérir des droits éventuels sur ladite caisse des pensions, aux termes de l'ordonnance du 1er novembre 1814, à la charge par eux tous de subir une retenue de 5 pour 100 sur leur traitement;

2° Ceux des sujets de l'Académie royale mentionnés dans l'article précédent qui ont voulu ou voudront être exempts de la retenue de pension, perdront tout droit au bénéfice de l'ordonnance du 1er novembre 1814, mais n'en resteront pas moins soumis au règlement du 5 mai 1821. Les retenues prélevées antérieurement sur leurs traitemens ne pourront leur être rendues;

3° Ceux desdits sujets de l'Académie royale, dont les traitemens ont été augmentés depuis le 1er juin 1831, n'acquerront qu'une pension proportionnée à leur traitement au 31 mai 1831, à moins que leur nouveau traitement n'ait été autorisé, sur la proposition de la commission de surveillance, par M. le ministre du commerce et des travaux publics. A défaut de cette autorisation, la retenue ne devra pas frapper sur l'augmentation de ce traitement;

4° Les sujets de l'Opéra qui avaient au moins cinq ans de service au 31 mai 1831, ou ayant droit à une pension proportionnelle, ou attachés au théâtre par un engagement de quinze ans, en vertu des règlemens, pourront, si leurs traitemens ont été ou sont réduits à partir du 1er juin 1831, sur le rapport de la commission et avec l'autorisation du ministre, acquérir une pension proportionnée au paiement dont ils jouissaient à l'époque de la réduction, pourvu qu'ils aient consenti ou consentent à subir la retenue sur leur ancien traitement;

5° Lorsque le directeur voudra mettre à la réforme un artiste, employé ou préposé de l'Académie royale ayant droit à une pension proportionnelle, il devra en faire la proposition à la commission de surveillance; et, si la commission est d'avis de la réforme, elle en fera l'objet d'un rapport au ministre qui prononcera;

6° La même marche sera suivie lorsque le directeur désirera modifier la condition des artistes, employés et préposés de l'Académie ayant droit à une pension proportionnelle, ou des premiers sujets ou remplacemens du chant et de la danse engagés pour quinze ans en vertu des règlemens;

7° Les sujets engagés par le directeur, qui ne faisaient pas partie de l'Académie royale au 31 mai 1831, ne pourront, en aucun cas, réclamer le bénéfice de l'ordonnance du 1er novembre 1814. Leurs traitemens ne sont pas sujets à la retenue. Les amendes qu'ils pourront subir ne seront point versées à la caisse des pensions;

8° Les sujets de l'Opéra qui cumulent deux traitemens ne peuvent acquérir une pension que sur le plus élevé de ces traitemens. Néanmoins, les deux traitemens sont sujets à la retenue, conformément à l'art. 24 de l'ordonnance du 1er novembre 1814;

9° En aucun cas, les artistes, employés et préposés de l'Académie royale, ne peuvent cumuler le traitement d'activité et le traitement de pension. Toutefois, le ministre pourra ne pas suspendre le paiement de la pension si le pensionnaire remplit un emploi non rétribué directement ou indirectement;

10° Les retenues ne peuvent être rendues en aucun cas ;

11° Du reste, rien n'est changé aux droits des veuves et des enfans, toutes les dispositions de l'ordonnance du 1er novembre 1814 étant maintenues, ainsi que les ordonnances et règlemens auxquels il n'a pas été dérogé.

Paris, 10 novembre 1852.

Pour la commission de surveillance,

Le pair de France, aide-de-camp du roi, président,

Duc DE CHOISEUL.

31 Août 1835.

Ordonnance du roi portant création d'une commission spéciale des théâtres royaux et du Conservatoire royal de Musique.

Louis-Philippe, etc.,

Article premier.

Une Commission spéciale sera établie, sous l'autorité du ministre de l'intérieur, pour assurer l'exécution des règlemens, statuts, arrêtés et stipulations concernant les théâtres royaux et le Conservatoire de Musique.

Sont nommés membres de cette commission :

MM. le duc de Choiseul, président;
De Kératry, vice-président;
Baron de Lascours;
Pèdre La Caze;
Edmond Blanc;
A. Bertin;
D'Henneville;

Art. 2.

Les commissaires royaux assisteront aux délibérations de la commission, avec voix consultative, lorsque leur présence sera nécessaire.

Art. 3.

Notre ministre, etc.

Signé : LOUIS-PHILIPPE.

Le ministre de l'intérieur.

Signé : THIERS.

6 Mai 1836.

Lettre de M. le comte Montalivet, ministre de l'intérieur, à M. le duc de Choiseul, président de la commission spéciale des théâtres royaux, pour qu'il soit adressé au ministre un rapport sur l'effet de chaque ouvrage nouveau représenté à l'Opéra, et un rapport annuel sur la situation de l'Opéra-Comique.

Monsieur le duc et cher collègue, j'ai reçu la lettre, en date du 29 mars, par laquelle la commission spéciale des théâtres royaux me demande si je désire qu'elle m'adresse, après les premières représentations des ouvrages nouveaux exécutés à l'Opéra, un rapport détaillé sur l'effet de ses représentations, et sur le plus ou le moins des efforts faits par le directeur-entrepreneur, pour donner au spectacle une pompe digne de l'Académie royale de Musique.

Je pense, M. le duc et cher collègue, qu'il est utile que la commission spéciale des théâtres royaux m'adresse son rapport sur chaque représentation, ainsi que le faisait l'ancienne commission de surveillance. C'est le moyen le plus sûr de m'éclairer sur la direction de l'Opéra. L'usage approuvé par mes prédécesseurs doit donc être maintenu.

Toutefois, la nouvelle constitution de la commission exige qu'il soit modifié. L'ancienne commission adressait au ministre des rapports fréquens : 1° après la première représentation de chaque ouvrage nouveau ; 2° à la fin de chaque mois, pour expliquer les certificats concluant au paiement de la subvention ; 3° à la fin de chaque année, sur l'ensemble de la direction, durant l'année écoulée. Tous ces rapports embrassaient ordinairement deux ordres d'idées ou de faits : d'une part, les questions et les circonstances intéressant l'art, la pompe et la dignité de l'Opéra, la tendance de la direction et ses efforts, la situation de l'entreprise, etc., et, d'autre part, l'exécution où la non-exécution des obligations imposées au directeur-entrepreneur, relativement au personnel, au matériel, au nombre d'ouvrages nouveaux à représenter, etc.

Il y avait inconvénient à ce que la commission eût à signaler à l'administration des infractions qui pouvaient être soumises ensuite à son jugement arbitral. C'est pourquoi mon prédécesseur à établi auprès de l'Opéra, et des autres théâtres lyriques, des commissaires royaux chargés de les surveiller et de faire connaître directement à l'administration les infractions commises par les directeurs entrepreneurs, afin qu'elles pussent être ensuite déférées à l'arbitrage de la commission, s'il y avait lieu.

Il résulte de là que les rapports de la commission doivent se borner maintenant à me rendre compte de l'effet des représentations des ouvrages nouveaux, des efforts du directeur-entrepreneur, de la tendance de la direction, de la situation de l'entreprise, et, en général, de tous les faits qui intéressent la dignité du théâtre et l'avenir de l'art. Les occasions de ces rapports se présenteront naturellement à chaque première représentation, et comme le directeur-entrepreneur est tenu de faire exécuter quatre ouvrages nouveaux par an, un tous les trois mois à peu près, la commission aura, quatre fois dans l'année, à me donner son opinion sur l'administration de l'Opéra. Le dernier de ces quatre rapports pourra même embrasser l'ensemble de la direction durant l'année écoulée.

Quant à l'Opéra-Comique, il suffira d'un seul rapport à la fin de chaque année théâtrale.

S'il survenait quelque circonstance qui nécessitât une communication exceptionnelle, au sujet de l'un ou de l'autre de ces deux théâtres, j'aurais recours aux lumières de la commission, si sa sollicitude ne devançait la mienne.

De leur côté, les commissaires royaux auront à me signaler directement, par des rapports particuliers qu'ils m'adresseront tous les mois, après chaque première représentation, et à la fin de chaque année. les infractions commises par les directeurs, et je déférerai ces infractions au jugement arbitral de la commission, lorsqu'elles me paraîtront punissables.

Agréez, M. le duc et cher collègue, l'assurance de ma haute considération,

Le pair de France, ministre secrétaire-d'État de l'intérieur,

Signé : MONTALIVET.

7 Novembre 1836.

Arrêté accordant à M. Duponchel une prolongation de son privilège d'exploitation de l'Académie royale de Musique.

Nous, pair de France, ministre secrétaire-d'État au département de l'intérieur;

Vu le deuxième paragraphe de l'article 1er de l'arrêté en date du 15 août 1835, qui a confié à M. Duponchel l'entreprise du théâtre de l'Académie royale de Musique; lequel paragraphe est ainsi conçu : « Six mois avant cette époque (31 mai 1837), si la gestion de M. Duponchel a été satisfaisante, il aura droit à une prolongation de bail de quatre années, aux mêmes conditions ; »

Vu le rapport de la commission spéciale des théâtres royaux, en date du 9 juillet dernier, lequel établit qu'il y a lieu d'être satisfait de la gestion de M. Duponchel, et que, parconséquent il a droit à une prolongation de bail;

Vu les états des recettes et des dépenses de l'entrepreneur, durant la première année de sa gestion; desquels il résulte qu'en raison des charges onéreuses de l'entreprise, il est à découvert d'une somme assez importante, quoique l'affluence du public ait été plus grande qu'en aucun temps ;

Ouï la commission spéciale des théâtres royaux, réunie sous notre présidence , laquelle a déclaré : 1° qu'il est urgent de prendre une décision sur la prolongation du bail de l'Académie royale

de Musique; que l'incertitude dans laquelle se trouve l'entrepreneur est funeste, en ce que les engagemans des principaux artistes
sont à renouveler ; qu'afin d'éviter la désorganisation de l'établissement, il importe de donner de la stabilité et de la durée à
l'entreprise; 2° que la portion de subvention allouée pour notre
premier théâtre lyrique a été trop réduite, et qu'il serait prudent,
autant dans l'intérêt de l'Etat que dans celui de l'entrepreneur, de
l'augmenter, si cela était possible;

Avons arrêté et arrêtons ce quit suit :

ARTICLE PREMIER.

Il est accordé à M. Duponchel, directeur – entrepreneur de
l'Académie royale de Musique, une prolongation de bail de six
années, lesquelles commenceront au 1er juin 18:7, et expireront
au 31 mai 1843.

Néanmoins, comme le bail actuel du Théâtre royal Italien expirera au 30 septembre 1840, s'il paraît utile, à cette époque, de
réunir dans une même direction l'Académie royale de Musique et
le théâtre royal Italien, et que M. Duponchel ne consente pas
à entrer dans cette combinaison, la présente prolongation sera réduite à quatre années, et expirera au 31 mai 1841.

ART. 2.

Le cahier des charges de cette entreprise, tel qu'il a été établi
par l'arrêté de notre prédécesseur, en date du 15 août 1835, est
maintenu dans toutes ses conditions.

ART. 3.

Si les résultats futurs de l'entreprise ne prouvent pas que la
subvention qui lui est allouée soit suffisante, la commission spéciale des théâtres royaux pourra nous proposer l'augmentation
qui sera nécessaire; mais il ne sera donné suite à cette proposition
qu'autant que la distribution des subventions aux autres theâtres
royaux le permettra.

Signé : GASPARIN.

25 Mai 1840.

Arrêté du ministre de l'intérieur, qui permet la dissolution de la société existant entre M. Duponchel et M. le marquis de Las Martimas pour l'exploitation de l'Académie royale de Musique, et qui autorise la formation d'une nouvelle société pour cette entreprise entre M. Léon Pillet, M. Duponchel et le marquis de Las Marismas.

Nous, ministre secrétaire-d'État au département de l'intérieur, vu la lettre, en date du 15 mai, par laquelle M. Léon Pillet expose qu'il est en mesure de former une association avec MM. Duponchel et le marquis de Las Marismas, pour l'entreprise de l'Académie royale de Musique;

Vu les adhésions à cette proposition, consignée dans la susdite lettre par MM. le marquis de Las Marismas et Duponchel;

Considérant que l'entreprise actuelle de l'Académie royale de Musique est dans un état peu satisfaisant qui excite des craintes sur l'avenir de cet établissement; qu'il est par conséquent urgent de modifier l'administration de ce théâtre; qu'il importe d'autant plus de prendre cette mesure dès à présent, que le moment approche où la Chambre des députés, ayant à s'occuper de la loi des finances pour l'exercice prochain, pourra donner son assentiment au nouveau contrat;

Considérant que depuis la réduction de la subvention au chiffre de 620,000 francs, plusieurs avis de la commission spéciale des théâtres royaux ont indiqué qu'il serait prudent de l'augmenter, si cela était possible, que cette opinion est justifiée par la diminution des recettes qui, dans l'année dernière, ont été de 214,000 francs inférieures à celles de l'année précédente; ce qui constitue l'entreprise actuelle en perte;

Considérant que, s'il est impossible d'accorder à la direction nouvelle une augmentation de subvention, selon les avis de la commission, il est juste du moins de lui assurer une concession assez longue pour qu'elle puisse réaliser les améliorations qu'elle espère et en recueillir les fruits;

Vu l'avis de la commission spéciale des théâtres royaux, en date du 16 mai;

Avons arrêté et arrêtons ce qui suit:

ARTICLE PREMIER.

MM. Duponchel et le marquis de Las Marismas sont autorisés à dissoudre la société en commandite formée par eux pour l'exploitation de l'Académie royale de Musique, et à en former une nouvelle avec M. Léon Pillet, aux conditions suivantes:

1º M. Duponchel se renfermera, selon sa demande, dans les fonctions de directeur du matériel, seul chargé, en cette qualité, de ce qui concerne les décorations, les costumes, et généralement la mise en scène;

2º Toutes les autres fonctions seront exclusivement réservées à M. Léon Pillet, en qualité de directeur du personnel et de l'administration;

3º M. le marquis de Las Marismas fournira une commandite de 150,000 francs.

ART. 2.

A ces conditions, il est fait à MM. Léon Pillet, Duponchel, et le marquis de Las Marismas, concession de l'exploitation de l'Académie royale de Musique pour huit années, à partir du 1er juin prochain jusqu'au 1er juin 1848.

ART. 3.

Il est alloué aux entrepreneurs une subvention annuelle de 620,000 francs, payables par douzièmes, de mois en mois, pendant toute la durée de la concession.

Néanmoins, à l'expiration de la sixième année, nous nous réservons d'examiner si les résultats de la gestion permettent d'opérer une réduction sur la subvention ;

Si, dans ce cas, la réduction que nous jugerions convenable n'était pas consentie par les entrepreneurs, ils auraient droit de résilier la présente concession.

En ce cas il ne leur serait point dû d'indemnité, mais les engagemens qu'ils auraient contractés de bonne foi, seraient pris à la charge de leurs successeurs

Art 4.

Un nouveau cahier des charges, pour régler les autres conditions de l'entreprise, sera établi sur les bases de l'ancien, et les entrepreneurs seront tenus d'y adhérer, sous peine de nullité du présent.

Signé : Ch. RÉMUSAT.

—

CAHIERS DES CHARGES

DES

THÉATRES ROYAUX,

ET

RÈGLEMENT

du Conservatoire royal de Musique

et de Déclamation.

6.

CAHIERS DES CHARGES

DES

THÉATRES ROYAUX.

ACADÉMIE ROYALE DE MUSIQUE.

28 Février 1831.

Extrait du cahier des charges de la direction de l'Académie royale de Musique, arrêté en commission, et approuvé par M. le ministre de l'intérieur.

ART. 3.

La Commission nommée par le ministre de l'intérieur, par arrêté du 28 février 1831, sera chargée de surveiller l'exécution des conditions ci-après déterminées. MM. le duc de Choiseul, Edmond Blanc, Hippolyte Royer-Collard, Armand Bertin et d'Henneville, membres de la Commission, et Cavé, secrétaire, ne pourront être révoqués pendant la durée de l'entreprise.

ART. 5.

L'entrepreneur devra respecter les engagemens valablement faits jusqu'à ce jour. En conséquence, à compter du jour de son entrée en jouissance, les traités ou conventions avec tous les auteurs, artistes, sujets et employés seront à sa charge pour tout le temps qu'ils auront à courir.

ART. 11.

Les ouvrages nouveaux devront être montés avec des décora- on s nouvelles et des costumes nouveaux.

La Commission de surveillance sera juge suprême en cette matière, tant vis-à-vis du directeur que des auteurs, et pourra, seule, autoriser le directeur à se servir d'anciennes décorations auxquelles elle pourra exiger toutes les réparations qu'elle croira convenables.

ART. 24.

L'entrepreneur ne sera en aucune manière tenu de fournir, soit intégralement, soit en partie, les pensions auxquelles pourront avoir droit les artistes et employés de l'Opéra, en vertu des engagemens antérieurs à sa gestion. L'administration y pourvoira seule et directement, ainsi qu'au paiement des anciennes pensions.

En conséquence, l'entrepreneur sera tenu de verser, chaque mois, entre les mains de la personne qui lui sera indiquée par la commission de surveillance, le montant des retenues qui, d'après leurs engagemens, doivent être faites sur les traitemens des artistes ou employés engagés avant son entrée en jouissance.

ART. 25.

L'entrepreneur ne sera tenu d'observer les statuts et règlemens particuliers à l'Opéra qu'envers les personnes valablement engagées sous ce régime. Dès lors, il sera libre d'imposer à ceux qu'il engagera à l'avenir, telles règles et conditions qui lui sembleront plus convenables.

ART. 26.

En cas de contestation sur l'exécution des différentes clauses du présent traité, l'entrepreneur sera jugé, par voie d'arbitrage en dernier ressort, et sans recours aucun, par voie de demande en cassation ou de requête civile, par les membres de la Commission de surveillance, lesquels procéderont comme arbitres volontaires, conformément au Code de procédure civile.

ART. 27.

Chaque contravention aux présentes pourra entraîner contre l'entrepreneur une amende de 1,000 francs à 5,000 francs, qui sera prononcée par la Commission de surveillance. Cette amende sera prise immédiatement sur le cautionnement, qui, dans ce cas, devra être complété dans les trois jours. L'amende sera versée à la caisse des pensions.

Après trois contraventions constatées, la Commission de sur- veillance pourra prononcer la résiliation du présent traité ; le tout sans préjudice de tous dépens et intérêts.

ART. 29.

Aucune des décisions que la Commission est autorisée à prendre ne pourra être exécutée sans l'autorisation du ministre de l'in- térieur.

30 *Mai* 1831.

Extrait du supplément au cahier des charges de l'Opéra,
(28 février 1831.)

ART. 3.

Dans le cas de décès ou de démission d'un des membres, ou du secrétaire de la Commission de surveillance, le ministre dési- gnera verbalement trois personnes à l'entrepreneur, et celle des trois qu'il acceptera sera nommée par un arrêté spécial du ministre, sans indication des deux autres.

ART. 24.

Les pensions ne peuvent être cumulées avec un engagement d'activité pris avec le directeur.

ART. 25.

Les engagemens nouveaux qui dépasseraient la durée du bail de l'entrepreneur, et les augmentations de traitement avec engagemens au-delà de cette durée, devront être soumis à l'approbation de la Commission et du ministre, pour être valables, après l'expiration du bail. A cette condition, le gouvernement sera, de droit, au lieu et place de M. Véron. Dans tous les autres cas, les engagemens pris par M. Véron, dans les limites de la durée de son bail, sont à ses risques et périls, et ils ne pourront jamais donner lieu à une action contre le gouvernement.

ART. 29.

La Commission de surveillance n'a d'action par elle-même, et sans avoir besoin de recourir à l'autorisation du ministre, que dans les cas prévus par les articles 7, 11 et 13. L'approbation du ministre est indispensable dans les cas prévus par les articles 8, 10, 12, 15, 16, 25, 26 et 27, tant du cahier des charges que du présent supplément.

15 Août 1835.

Extrait du cahier des charges de l'Opéra, imposé à M. Duponchel, directeur-entrepreneur de l'Académie royale de Musique.

ART. 58.

En cas de contestation sur les clauses du présent arrêté, en cas de difficultés entre l'entrepreneur et les artistes et employés de l'Académie royale de Musique, soumis au régime des retenues, elles seront jugées par voie d'arbitrage, en dernier ressort et sans recours aucun, par voie de demande en cassation ou de requête civile, par les membres de la Commission des théâtres royaux, qui procéderont comme arbitres volontaires, conformément au Code de procédure civile.

La Commission ne pourra statuer valablement, comme tribunal arbitral, que réunie au nombre de cinq membres au moins.

Les décisions arbitrales de la Commission ne seront exécutoires qu'après l'autorisation du ministre, autorisation qui remplacera l'ordonnance du tribunal, indispensable pour l'exécution de toute décision arbitrale en matière civile.

L'entrepreneur déclare accepter l'arbitrage de la Commission, et s'oblige à ne le contester en aucun cas.

ART. 59.

En cas de décès ou de démission d'un ou de plusieurs membres de la Commission, le membre ou les membres seraient nommés par le roi; mais ils n'auraient qualité d'arbitres qu'autant que l'entrepreneur n'y mettrait pas opposition, ou que le nombre des membres restans serait au-dessous de cinq.

Si, par les mêmes causes, il y avait nécessité de renouveler la Commission entière avant la fin de l'exploitation, une nouvelle Commission serait nommée par le roi, et l'entrepreneur se soumettrait à son arbitrage, ou il rentrerait, pour la contestation et les amendes, sous la juridiction administrative, jusqu'à la fin de son exploitation.

ART. 60.

La Commission se réunira dans le local de l'Académie royale de Musique, consacré à sa séance, ou chez son président, ou au ministère de l'intérieur, lorsqu'elle y sera convoquée.

Le ministre pourra la présider, quand elle ne se sera pas réunie en tribunal arbitral.

ART. 61.

L'entrepreneur sera tenu de donner, sans délai, tous les renseignemens qui lui seront demandés, soit par l'Administration, soit par la Commission des théâtres royaux, soit par le commissaire royal; de communiquer, au besoin, tous les documens, registres, etc., papiers, et de permettre toutes les visites de lieux pour les vérifications nécessaires.

ART. 62.

Les dispositions qui précèdent sont toutes de rigueur, l'autorisation d'exploiter le théâtre de l'Académie royale de Mus:que n'étant accordée à M. Duponchel que sous la condition de leur pleine et entière éxécution.

Chaque contravention aux dispositions du présent arrêté, pourra entraîner, contre l'entrepreneur, une amende de 1,000 fr. à 10,000 fr., qui sera prononcée par la Commission et prise immédiatement ou sur la portion échue de la subvention, ou sur le cautionnement, qui, dans ce cas, devra être complété dans les vingt-quatre heures, sous peine de résiliation.

Ces amendes appartiendront à la caisse des pensions. Après cinq condamnations à des amendes de 5,000 fr. et au-dessus, la présente concession pourra être annulée.

La Commission pourra pareillement condamner l'entrepreneur aux dépens et à des dommages-intérêts, indépendamment des amendes.

1er Août 1841.

Cahier des charges de l'Académie royale de Musique.

Nous, ministre secrétaire-d'état au département de l'intérieur, vu l'arrêté ministériel, en date du 25 mai 1840, par lequel (article 1er) MM. Duponchel et le marquis de Las Marismas, sont autorisés à dissoudre la société en commandite formée par eux pour l'exploitation de l'Académie royale de Musique, et à en former une nouvelle avec M. Léon Pillet, aux conditions suivantes :

1º Que M. Duponchel se renfermera, selon sa demande, dans les fonctions de directeur du matériel, seul chargé, en cette qualité, de ce qui concerne les décorations, et généralement la mise en scène ;

2º Que toutes les autres fonctions seront exclusivement réservées à M. Léon Pillet, en qualité de directeur du personnel et de l'administration ;

3º Que M. le marquis de Las Marismas fournira une commandite de 150,000 francs ;

Considérant qu'à ces conditions il a été, par l'article 2 dudit arrêté, fait à MM. Léon Pillet, Duponchel et le marquis de Las Marismas, concession de l'exploitation de l'Académie royale de Musique pour huit années, à partir du 1er juin 1840, jusqu'au 1er juin 1848, sous la réserve exprimée à l'article 3 dudit arrêté ;

Considérant qu'à l'article 4 dudit arrêté, il est dit qu'un nouveau cahier des charges, pour régler les conditions de l'entreprise, sera établi sur les bases de l'ancien ;

Vu les lettres de M. le président de la Commission des théâtres royaux, en date des 21 janvier et 18 mars 1841, relatives aux modifications qu'il convient d'apporter au présent cahier des charges ;

Considérant qu'il résulte, tant de l'arrêté ministériel précité que de la lettre en date du 15 mai, à nous adressée par M. Léon Pillet, et visée dans ledit arrêté, que dans ladite société formée pour l'exploitation de l'Académie royale de *Médecine* (1), deux associés sont seuls, en nom collectif, responsables et solidaires, et le troisième, commanditaire ;

Que, par conséquent, MM. Léon Pillet et Duponchel peuvent seuls être titulaires de la concession faite par ledit arrêté, et considérés comme les entrepreneurs de ladite exploitation,

Avons arrêté et arrêtons ce qui suit :

ARTICLE 1er.

Le théâtre de l'Académie royale de Musique sera exploité par MM. Léon Pillet et Duponchel, dans les termes et conditions de l'arrêté ministériel du 25 mai 1840 précité, et, en outre, à celles qui font l'objet du présent cahier des charges.

MM. Léon Pillet représentera seul ladite société d'exploitation, dans tous les rapports de l'Académie royale de Musique avec l'administration. En conséquence, il touchera les fonds subventionnels alloués à cette entreprise, et en donnera quittance en sa qualité d'entrepreneur-gérant.

ART. 2.

Durant leur exploitation, les entrepreneurs auront la jouissance, selon les conditions ci-après établies :

1º Du théâtre de l'Académie royale de Musique, et de tous les bâtimens y contigus appartenant à l'État, et regardés, jusqu'à ce jour, comme nécessaires à l'exploitation ;

2º Des magasins et de l'école de danse dans la cour de la rue Richer, nº , tels qu'ils se comportent, sans pouvoir s'opposer à ce qu'il soit construit dans ladite cour, s'il y a lieu, d'autres bâtimens pour le service des autres théâtres royaux.

Il sera fait récolement, à frais communs, par deux arbitres

(1) Au lieu de MÉDECINE, lisez MUSIQUE. Cette faute existe dans l'original.

respectivement choisis, de l'état des lieux du théâtre de l'Académie royale de Musique et des bâtimens qui en font partie.

Il en sera fait de même pour l'état des lieux, s'il en existe un, des magasins et de l'École de danse de la rue Richer ; s'il n'en existe pas, il en sera dressé un à frais communs.

ART. 3.

Les entrepreneurs devront entretenir, remettre à la fin de chaque année , et laisser, à l'expiration de leur entreprise , le théâtre et ses dépendances , ainsi que les magasins et l'École de danse de la rue Richer, en bon état de réparations locatives, et il est bien entendu qu'à l'égard du théâtre, il ne s'agit pas seulement des réparations locatives prévues par l'article 1754 du Code civil, mais encore de l'entretien des appareils de chauffage et d'éclairage , de la poêlerie et de la fumisterie, des pompes, appareils contre l'incendie , des machines et des cordages, des planches du théâtre, et généralement de tous les objets mobiliers ou immeubles par destination nécessaires aux divers services de l'exploitation du théâtre.

Ils devront prévenir l'administration des grosses réparations qui pourraient être nécessaires. Ces grosses réparations pourront être à la charge de l'entreprise, si leur nécessité résulte de la faute de l'exploitation.

Les travaux mis par le présent à la charge des entrepreneurs important à la sûreté du théâtre et de ses dépendances , il est convenu qu'ils seront exécutés sous la surveillance, et, au besoin, sous la direction des agens de l'Administration, qui pourront toujours veiller à la conservation des bâtimens.

Il est convenu pareillement que les entrepreneurs entretiendront à leurs frais , et rendront en bon état les machines du théâtre, et que, s'ils veulent faire opérer des changemens dans ladite machinerie , ils devront obtenir notre autorisation à cet effet. Cette autorisation devra être demandée à l'avance, de manière que l'administration puisse consulter les gens de l'art dans l'intérêt de la solidité de l'édifice.

A la fin de l'exploitation, tout ouvrage de construction, tout ouvrage scellé, et tous les objets d'exploitation renouvelés, appartiendront à l'État, sans indemnité pour les entrepreneurs.

ART. 4.

Ils devront faire opérer à leurs frais, une fois par an, durant la semaine sainte, un nettoyage général de toutes les parties de la salle et du théâtre intérieurement. Les peintures à l'huile devront être lessivées, et les peintures à la détrempe convenablement époussetées, ainsi que les banquettes, les appuis des loges et des galeries.

Les entrepreneurs devront, en outre, entretenir à leurs frais les alentours et les abords du théâtre dans un état de propreté convenable, et faire enlever les affiches et dessins qui seraient apposés sur les murs.

ART. 5.

Lorsqu'il sera besoin de restaurer la décoration de la salle de l'Académie royale de Musique, cette restauration sera faite aux frais de l'État. L'administration sera seule juge de la nécessité et de l'importance de cette restauration, et il lui appartiendra d'en fixer l'époque ; mais elle devra faire exécuter ces travaux en quinze jours au plus. Il ne sera dû aux entrepreneurs aucune indemnité pour l'interruption des représentations qui en pourra résulter; mais la subvention n'éprouvera aucune réduction à raison de cette interruption.

ART. 6.

Les entrepreneurs seront tenus des frais de garde des magasins, des décors, des costumes, machines et accessoires, des frais de pompiers, de gardes de police et de garde municipale, et, en général, de toutes les dépenses nécessaires à l'exploitation et à la conservation du théâtre et à ses dépendances.

Ils seront tenus de l'impôt, de la patente et des impositions de toute nature établies ou à établir, tant pour le théâtre et ses dépendances , que pour les magasins et l'École de danse de la rue Richer.

Ils seront responsables des accidens d'incendie dans le théâtre et ses dépendances, ainsi que dans les magasins et l'École de danse de la rue Richer, sauf leur recours contre la Compagnie d'assurance avec laquelle ils devront entretenir, et', au besoin, compléter l'abonnement existant ; néanmoins , leur responsabilité à cet égard sera limitée au capital reconnu par la Compagnie d'assurance.

Des démarches seront faites pour obtenir, soit de cette Compagnie, soit d'une autre, un abonnement qui offre plus de garantie à l'Etat. En cas de succès, l'augmentation de la prime serait à la charge des entrepreneurs.

ART. 7.

Les entrepreneurs auront la jouissance, ainsi qu'elle a été concédée par l'intendance de la maison du roi, des ateliers de peinture situés dans la cour des Menus-Plaisirs, rue du faubourg Poissonnière, lesquels, de tout temps, ont été destinés et ont servi aux besoins de l'Académie royale de Musique.

Ils seront responsables de tous les dégâts envers l'intendance de la maison du roi, et devront se conformer à ses prescriptions pour régler la jouissance de ces ateliers.

ART. 8.

Durant leur exploitation, les entrepreneurs jouiront, sauf les droits et les répétitions du domaine, des locations faisant partie des bâtimens de l'Académie royale de Musique ; ils pourront renouveler les baux, avec ou sans augmentation de loyer; mais il leur est interdit de faire d'autres locations que celles qui existent actuellement dans le théâtre et ses dépendances, ainsi que dans les localités de la rue Richer.

Ils ne pourront, sans notre autorisation; donner ou prêter, même temporairement, pour logement ou pour tout autre usage, aucune des localités dont la jouissance leur est confiée.

Art. 9.

L'administration se réserve la faculté de disposer du théâtre pour les bals ou réunions qu'elle pourrait prendre sous sa protection. Dans ce cas, aucune dépense ne serait à la charge des entrepreneurs. Il leur serait tenu compte par qui de droit des représentations et répétitions que lesdits bals, fêtes ou réunions pourraient faire manquer. Ils seraient même indemnisés des dégâts qui en résulteraient.

Art. 10.

Durant leur exploitation, les entrepreneurs auront la jouissance selon les conditions ci-après établies :

1º Des décorations, machines et accessoires servant actuellement au répertoire de l'Académie royale de Musique, et des autres décorations, machines et accessoires qui sont dans les magasins de l'Opéra ;

2º Des costumes et accessoires servant actuellement au répertoire de l'Académie royale de Musique, et des autres costumes et accessoires qui se trouvent dans les magasins de l'Opéra ;

3º De tout le mobilier du théâtre, partitions et copies de Musique, instrumens, pupitres, quinquets et chaises de l'orchestre, meubles meublans de la salle, des loges du public ; des loges des artistes, de la bibliothèque de musique, des ateliers de serrurerie et de menuiserie, des magasins de décorations, machines et accessoires des autres bâtimens dépendans du théâtre, des magasins et de l'Ecole de danse de la rue Richer.

Il sera fait, à frais communs, par deux experts respectivement nommés, récolement de l'inventaire descriptif des décorations, machines et accessoires, et seront inventoriés et décrits à la suite, tous les objets nouveaux de même nature qui n'y sont pas portés.

Il sera fait pareillement, à frais communs, et par deux experts respectivement nommés , récôlemêût de l'inventaire estimatif des costumes et accessoires, avec nouvelle estimation, et seront inventoriés, avec estimation de leur valeur actuelle, tous les objets nouveaux de même nature qui n'y sont pas portés.

Les récolemens à opérer devront être terminés avant le 1er janvier 1842, et, à cet effet, les experts seront nommés dans les trois jours de la signature du présent.

ART. 11.

Les décorations de l'Académie royale de Musique sont divisées en deux parties, conformément aux listes ci-annexées.

La première comprend les décorations des ouvrages au répertoire ou de ceux qui sont susceptibles d'être remontés.

Les entrepreneurs devront conserver , entretenir et rendre ces décorations en bon état ; ils n'en pourront disposer que pour faire représenter les ouvrages auxquels elles appartiennent, pour les faire concourir, s'ils obtiennent notre autorisation, à l'ensemble des décorations nouvelles, en rafraîchissant les peintures, si besoin il y a, mais sans altérer leur forme.

La deuxième liste comprend les décorations complètes ou partielles des ouvrages abandonnés.

Les entrepreneurs veilleront pareillement à la conservation de ces décorations ; elles seront à leur disposition, soit pour être repeintes , soit pour servir sous une nouvelle forme à la construction de décorations nouvelles. L'administration sera prévenue de ees changemens de forme, pour en faire mention sur les inventaires.

Les accessoires des décorations, portans , praticables, herses, chars, gloires, rampes , et généralément tous les objets de cette nature formant le mobilier de la scène, devront être conservés et entretenus par les entrepreneurs, qui devront les rendre en bon état et en nombre égal.

Art. 12.

Les entrepreneurs seront tenus de conserver, d'entretenir, de renouveler au besoin les costumes et accessoires servant aux ouvrages du répertoire ou à ceux qui peuvent être remontés.

Quant aux autres costumes et accessoires, ils pourront en disposer librement, selon les besoins de leur entreprise. S'ils ne veulent pas prendre à leur charge une partie de ces derniers costumes et accessoires, elle sera distraite des inventaires, et l'administration en disposera.

A la fin de l'entreprise, les entrepreneurs seront tenus de laisser en bon état les costumes et accessoires de tous les ouvrages en répertoire et de ceux qui peuvent être remontés, et de rendre à l'Etat une quantité de costumes et accessoires égale en valeur à la totalité de ceux qui leur sont confiés. S'il y a moins value, ils devront payer la différence. En cas de plus-value, elle appartiendra à l'Etat sans indemnité pour les entrepreneurs.

Art. 13.

Ils seront tenus de la conservation, de l'entretien, et, au besoin, du renouvellement de tout le mobilier détaillé dans le paragraphe 3 de l'article 10.

A la fin de leur exploitation, ils devront le rendre complet et en bon état.

Art. 14.

Les entrepreneurs devront, à la fin de l'exploitation, des matières neuves, pour une somme de 49,281 fr. 33 cent., somme égale à celle montant de l'estimation des matières semblables prises en charge par M. Duponchel, au début de sa précédente exploitation. Cette obligation, à laquelle il a été soumis aux termes de l'article 14 du précédent cahier des charges, incombe à la nouvelle exploitation dans laquelle il demeure associé.

ART. 15.

Les entrepreneurs ne pourront, ni louer, ni prêter, sans notre autorisation , aucun des objets matériels, décorations, machines et accessoires, costumes et accessoires, partitions, mobilier du théâtre et de ses dépendances, dont la jouissance leur est confiée.

ART. 16.

L'Etat sera propriétaire à la fin de l'entreprise de tout le matériel, machines, décorations et accessoires, costumes et accessoires, mobilier, partitions, etc., etc., créés par les entrepreneurs, qui n'auront droit à aucune indemnité pour ces objets.

En outre, si quelques objets faisant partie des décorations, machines et accessoires , et du mobilier, ont disparu, sans que les entrepreneurs puissent justifier de leur emploi, l'Etat pourra en réclamer le prix.

ART. 17.

Le contrôleur du matériel continuera de surveiller l'usage qui en sera fait et tiendra les inventaires au courant. Son traitement restera à la charge de l'administration, mais il sera gratuitement logé dans les bâtimens de l'Académie royale de Musique.

ART. 18.

Dans le mois après la première représentation de chaque ouvrage nouveau, il sera dressé , à frais communs , inventaire de toutes les machines, décorations et accessoires, ainsi que de tous les costumes et accessoires nouveaux qui auront été créés pour cet ouvrage.

Ces inventaires seront faits en triple expédition, la première pour être envoyée au ministre, la deuxième pour être remise au contrôleur du matériel et la troisième pour les entrepreneurs.

Il sera fait mention sur les inventaires du renouvellement de tout objet composant le mobilier du théâtre.

7

ART. 19.

Les entrepreneurs devront donner à l'administration toutes les facilités pour réunir et mettre en ordre, par les agens qu'elle choisira, tous les dessins des décors exécutés antérieurement à leur gestion, ainsi que classer et cataloguer tous les titres et papiers relatifs à l'administration de l'Opéra depuis son origine.

ART. 20.

Il ne pourra être exploité sur la scène de l'Académie royale de Musique que les genres attribués jusqu'à ce jour à ce théâtre, savoir :

1° Le grand opéra, avec récitatif à orchestre, en deux, trois, quatre ou cinq actes, avec ou sans ballet;.

2° Le ballet-pantomime en un, deux, trois, quatre ou cinq actes.

Les entrepreneurs ne pourront exploiter aucun autre genre, même dans les représentations à bénéfice, sans notre autorisation spéciale.

Ils auront la faculté de donner des concerts, néanmoins un concert ne pourra être substitué à une représentation ni en tenir lieu ; il pourra seulement en faire partie, pourvu que notre autorisation ait été préalablement obtenue.

Les entrepreneurs auront la faculté de donner des bals durant le carnaval, en se conformant aux dispositions générales qui seront arrêtées par le préfet de police sur les bals. La composition de ces bals et les divertissemens qui en feront partie devront être soumis à notre approbation.

Si les entrepreneurs veulent céder l'entreprise des bals, ils devront obtenir notre autorisation; mais, en ce cas, ils seront toujours tenus de surveiller personnellement ces réunions, et ne cesseront pas d'être responsables.

ART. 21.

Aucune pièce ne pourra être représentée sur le théâtre de

l'Académie royale de Musique sans notre autorisation préalable.

Avant d'être mise à l'étude, toute pièce, opéra ou ballet, devra nous être soumise, afin qu'il soit examiné si les répétitions peuvent avoir lieu sans inconvénient ; et dix jours avant la représentation, elle devra nous être soumise de nouveau, afin qu'il soit décidé si elle peut être représentée, ou s'il y a lieu ou non d'y faire des modifications ou des suppressions.

Si un ouvrage par nous autorisé devient un sujet de trouble ou de scandale, l'administration pourra toujours en suspendre les représentations ou ordonner qu'il y soit fait des modifications ou retranchemens, sans que les entrepreneurs puissent réclamer aucune indemnité.

Art. 22.

Les entrepreneurs ne pourront faire exécuter, par an, sans notre autorisation spéciale, plus d'un ouvrage des mêmes auteurs et compositeurs. Toutefois, cette prohibition pourra être levée une fois par an avec notre autorisation.

Aucun artiste, chef de chant, chef d'orchestre, employé à l'Académie royale de Musique, ne pourra faire représenter d'opéra de sa composition sans notre autorisation.

Art. 23.

Les entrepreneurs ne pourront morceler les ouvrages nouveaux ni les anciens qui n'ont pas été joués par parties, sans notre autorisation spéciale, sauf le droit des auteurs et compositeurs. Cette autorisation pourra être accordée à toujours ou seulement pour un certain nombre de fois, selon la valeur des ouvrages ou leur influence sur le public.

Art. 24.

Les entrepreneurs seront astreints à faire représenter, par an, pendant la durée de leur gestion, au moins quatre ouvrages nouveaux, savoir :

Un grand opéra en trois, quatre ou cinq actes, de la durée de trois heures environ, non remplaçable par des ouvrages d'autre nature ou d'autre durée ;

Un second opéra en deux actes ou deux opéras en un acte, dont l'un pourra être un ouvrage traduit, avec de la musique étrangère ;

Deux ballets en deux actes au moins ; un de ces deux ballets pourra être remplacé par deux ballets en un acte ou par un opéra en un acte et un ballet en un acte, ou par un opéra en deux actes.

Tout ballet, quoique déjà joué sur un autre théâtre, en France ou à l'étranger, pourra être considéré comme un ouvrage nouveau, si la partition et les pas du ballet sont nouveaux.

ART. 25.

L'engagement relatif au nombre des ouvrages, déterminé par l'article précédent, est de rigueur.

Les entrepreneurs devront diriger leurs travaux de manière à faire représenter un ouvrage nouveau de trois mois en trois mois, à moins qu'il ne leur soit accordé un délai, soit à cause de l'importance de l'ouvrage nouveau, soit à cause du succès de l'ouvrage précédent.

Le compte des ouvrages nouveaux sera réglé tous les deux ans.

Pour le grand opéra, les entrepreneurs ne pourront être en retard ni en avance d'une année sur l'autre dans chaque période de deux ans.

Quant aux petits opéras et aux ballets ou à leur remplacement, les entrepreneurs pourront se mettre en avance ou rester en retard de la première année sur la seconde, de la troisième sur la quatrième, et ainsi de suite.

En cas de résiliation par la faute des entrepreneurs, s'ils étaient en avance d'une ou plusieurs pièces, il ne leur serait dû aucune indemnité; dans le même cas, s'ils étaient en retard d'une ou plusieurs pièces, une indemnité serait due à l'Etat.

En cas de résiliation dont la cause ne serait pas imputable aux

entrepreneurs, s'ils étaient en avance, il leur serait dû une indemnité ; ils en devraient une s'ils étaient en retard.

ART. 26.

Si, deux mois avant l'expiration d'une période de deux années,
les entrepreneurs demandent à être dispensés de faire représenter
une partie des huit ouvrages nouveaux dus tous les deux ans,
cette dispense pourra leur être accordée si le succès des autres
pièces suffit pour la prospérité du théâtre.

Mais, en ce cas, et comme la subvention est allouée pour faire
représenter huit ouvrages nouveaux tous les deux ans, les entrepreneurs pourront être tenus d'indemniser l'Etat.

ART. 27.

Les entrepreneurs devront remplir personnellement les diverses fonctions qui ont été déterminées par arrêté du 25 mai 1840,
excepté dans le cas de maladie ou de voyage par nous autorisé pour
les besoins de l'entreprise. Dans ces cas, ils devront faire agréer un
remplaçant temporaire.

Ils ne pourront, dans aucun cas, vendre tout ou partie de
l'exploitation concédée par le présent, soit en cédant des portions
d'intérêt dans leur entreprise, soit en créant et émettant des
actions; enfin, ils ne pourront rien changer aux conditions de la
société définie dans l'arrêté du 25 mai 1840, précité, auquel cas
échéant, la présente concession pourrait être annulée.

ART. 28.

Les entrepreneurs seront tenus de diriger l'Académie royale
de Musique comme il convient à ce premier théâtre, de le
maintenir dans l'état de luxe qui le distingue des autres, sous le
rapport de la richesse des décorations et des costumes, et sous le
rapport du nombre et des talens des artistes.

ART. 29.

Ils ne pourront composer les affiches de manière à blesser les convenances et à tromper le public.

ART. 30.

Les entrepreneurs ne pourront, sans notre autorisation , modifier le prix des abonnemens, des billets et des locations des loges à l'année ou à la soirée, existant actuellement à l'Académie royale de Musique.

ART. 31.

Les représentations de l'Académie royale de Musique ne pourront dépasser quatre par semaine, et auront lieu les lundi, mercredi, vendredi et dimanche; il sera fait exception pour le mardi-gras, et le premier jour de l'an, si ce jour est un mardi , un jeudi ou un samedi. Pendant la saison du Théâtre-Italien, du 1er octobre au 1er mars, les représentations du dimanche ne pourront avoir lieu que tous les quinze jours, de manière que ces représentations alternent avec celles du Théâtre-Italien.

Les entrepreneurs ne pourront, pour cause de répétitions générales ou tout autre, tenir la salle fermée plus de quatre fois par semaine, sans notre autorisation préalable et spéciale.

Les relâches non autorisées, et qui ne seront pas suffisamment excusées, seront punies d'une amende et de la confiscation du douzième de la subvention mensuelle.

Toute représentation manquée devra être remplacée par une représentation extraordinaire dans le délai d'un mois.

Les entrepreneurs auront la faculté de donner cinq représentations extraordinaires en dehors des jours ci-dessus désignés.

ART. 32.

La présente concession pourra être annulée, si le théâtre reste fermé pendant plus de cinq représentations consécutives, sans notre autorisation.

Art. 33.

Les entrepreneurs s'engagent, chaque fois qu'ils en seront requis, à donner des représentations gratuites sur le théâtre de l'Académie royale de Musique, au prix de 8,000 francs pour tous frais et dégâts quelconques.

Il nous appartiendra de choisir parmi les pièces du répertoire celles qui composeront ces représentations, pour lesquelles les entrepreneurs ne pourront refuser le concours des artistes les plus distingués du théâtre.

Art. 34.

Les entrepreneurs devront toujours veiller à la bonne exécution des ouvrages du répertoire, maintenir l'éclat et la propreté des décorations et des costumes.

Les ouvrages nouveaux devront être montés avec des décorations nouvelles et des costumes nouveaux.

Pour tous les ouvrages nouveaux, excepté pour les ouvrages en un acte, le tiers au moins des décorations devra être composé de bois et de toiles neufs.

Les peintures seront toujours nouvelles, à moins que les entrepreneurs n'aient obtenu une dispense.

Ils pourront pareillement obtenir notre autorisation pour employer d'anciens costumes dans les ouvrages nouveaux.

Dispositions transitoires. — L'exécution des paragraphes 2 et 4 du présent article, relatif à l'emploi des costumes, est suspendu jusqu'au 1er juin 1843, époque à laquelle nous déciderons de nouveau, la commission entendue, s'il y a lieu de proroger cette suspension.

Pendant tout ce temps, les entrepreneurs seront responsables de toute négligence qui serait signalée sous le rapport du nombre, de la convenance et de la fraîcheur de tous les costumes. Ils seront, en outre, tenus de rechercher dans ces costumes, pour chaque représentation d'ouvrages nouveaux, comme d'ouvrages anciens, l'exactitude et la vérité du style de chaque époque.

Chaque contravention à ces nouvelles charges rendra les entrepreneurs passibles des amendes établies en l'article 62.

ART. 35.

Ils devront maintenir au théâtre de l'Académie royale de Musique un ensemble de sujets dignes de ce théâtre, c'est-à-dire tenir toujours au complet le nombre d'artistes ci-après spécifiés, savoir :

Pour le chant.

Deux ténors de premier ordre,
Deux ténors de second ordre,
Un baryton ou basse chantante de premier ordre,
Deux basses-tailles de premier ordre,
Deux basses-tailles de remplacement ou doubles,
Deux premiers dessus de premier ordre,
Deux autres pour remplacement ou doubles,
Deux cantatrices à voix de contralto ou demi-soprano,
Il pourra n'en être exigé qu'une seule, à cause de la rareté de cette nature de voix.
Deux coryphées pour chaque nature de voix, nécessaires dans les chœurs.

Pour la danse.

Trois danseurs de premier ordre, dont deux au moins seront mimes ;
Trois autres pour remplacement ou doubles, dont deux au moins seront mimes ;
Six danseuses de premier ordre, dont trois au moins seront mimes ;
Six autres pour remplacement ou doubles, dont trois au moins seront mimes.

Pour les chœurs du chant.

Quatre-vingts choristes, hommes et femmes, compris les coryphées, mais non compris les élèves du Conservatoire de Musique, ni les enfans.

Les entrepreneurs devront toujours entretenir à l'Opéra dix enfans du sexe masculin, qui seront tenus de suivre la classe des chœurs du Conservatoire.

Pour obliger les entrepreneurs à composer lesdits chœurs de sujets capables, il est entendu que la dépense annuelle pour les quatre-vingts choristes ne pourra être au-dessous de 75,000 francs, non compris les frais d'habillement.

Pour les chœurs de la danse.

Trente figurans, dont six chefs de comparses,
Quarante figurantes, dont huit chefs de comparses;
Plus, douze enfans, moitié filles et moitié garçons;
Il suffira de six filles si un nombre égal d'enfans du chant peut figurer dans la danse.

La dépense annuelle des chœurs de la danse ne pourra être au-dessous de 60,000 francs, non compris l'habillement.

Pour l'orchestre.

Un chef d'orchestre et soixante-dix-neuf musiciens , dont un premier violon capable de remplacer le chef d'orchestre, non compris les instrumentistes exceptionnels qui pourraient être nécessaires pour être placés sur ou derrière le théâtre.

La composition de l'orchestre devra être maintenue dans son ordre actuel, et son coût annuel, ou traitement, ne pourra être au-dessous de quatre-vingts mille francs.

Pour les études et les répétitions.

Deux chefs de chant accompagnateurs, pour les répétitions et les études de l'Opéra;

Un accompagnateur ou un violon pour les répétitions et les études du ballet. Cet emploi pourra être rempli par un artiste de l'orchestre.

Deux maîtres de ballets,

Un professeur de perfectionnement de danse,

Un professeur de danse pour le corps de ballets et les enfans,

Un professeur de pantomime.

Les entrepreneurs seront tenus d'envoyer, au commencement de chaque année, à l'administration, un état exact du personnel de l'Opéra et de la tenir toujours au courant des mutations.

ART. 36.

Les artistes et les ouvrages de l'Académie royale de Musique ne pourront être prêtés que pour donner des représentations sur les théâtres secondaires.

Les entrepreneurs pourront les prêter, avec notre autorisation, pour donner des représentations sur les autres théâtres royaux.

ART. 37.

Pour qu'il existe toujours à l'Académie royale de Musique le nombre de sujets nécessaires à la bonne exécution des opéras et des ballets, il ne pourra être accordé de congés par les entrepreneurs sans notre autorisation. Néanmoins, les congés stipulés dans les engagemens actuellement existans ne pourront être refusés, mais les entrepreneurs devront nous faire connaître ces stipulations et nous informer desdits congés, quand ils auront lieu.

Un seul des maîtres des ballets pourra être autorisé à s'absenter.

Les chœurs du chant et de la danse, ainsi que l'orchestre doivent toujours être au complet. Le chef de l'orchestre, les chefs de chant, les professeurs, ne pourront obtenir de congés, ainsi que les employés dont il va être parlé dans l'article suivant.

ART. 38.

Ne pourront être donnés à l'entreprise les services qui intéressent l'art, tels que les chœurs du chant et de la danse,
les peintures de décorations; les entrepreneurs s'obligent de con-
fier ces services aux artistes les plus habiles en chaque genre.

Il en est de même du service journalier des machines et des
décorations qui continuera à être dirigé par un chef machiniste,
ayant sous ses ordres le nombre d'ouvriers machinistes jugé nécessaire d'après l'usage.

La même règle sera suivie pour le service des costumes, qui
continuera à être dirigé par un chef de magasin et un maître
tailleur, ayant sous leurs ordres le nombre d'ouvriers tailleurs jugé
nécessaire d'après l'usage.

Ne pourront pareillement être donnés à l'entreprise les services des bureaux, du contrôle, des ouvreuses de loges, de la
surveillance de la salle, de l'habillement des artistes et des autres
services intérieurs du théâtre, pour lesquels les entrepreneurs devront maintenir le nombre d'employés suffisant.

Pourront être données à l'entreprise la menuiserie et la
charpente des décorations, la fourniture des matières premières,
étoffes, bois ouvrable, etc., etc., la chaussure, l'éclairage, le
chauffage, le balayage et le cirage, la serrurerie, la tapisserie,
la passementerie, le café, le bureau des cannes et manteaux, la
librairie, la vente et le louage des lorgnettes, les lieux d'aisances
et le service des artifices.

Néanmoins, deux employés seront spécialement chargés de la
surveillance de l'éclairage, du chauffage et des artifices, et seront
tenus à deux rondes, l'une de jour par tout le théâtre, l'autre de
nuit par tout le théâtre et dans les cours.

Les employés chargés du contrôle et de la surveillance de la
salle, les placeurs et les ouvreuses de loges devront être propre-
ment habillés.

Deux consignes seront maintenues aux frais des entrepreneurs, l'une à la porte d'entrée du théâtre, l'autre à l'entrée de la salle dans la rue Lepelletier.

ART. 39.

Si quelques-unes des personnes attachées à l'Académie royale de Musique se faisaient remarquer par des actes hostiles au gouvernement du roi, le ministre pourrait exiger son expulsion du théâtre.

ART. 40.

Les élèves du chant du Conservatoire de Musique seront mis à la disposition des entrepreneurs, lorsque les besoins de leur exploitation exigeront cette augmentation de personnel.

Pour ce cas, notre autorisation sera nécessaire.

En revanche, les entrepreneurs ne pourront refuser le concours des artistes de l'Académie royale de Musique pour les exercices du Conservatoire.

Il leur est interdit d'engager à l'Académie royale de Musique des élèves de chant, pensionnaires du Conservatoire, sans notre autorisation.

ART. 41.

Notre autorisation sera nécessaire pour la nomination des médecins attachés à l'Académie royale de Musique.

ART. 42.

Les entrepreneurs devront respecter les engagemens et traités valablement contractés par l'administration qui a précédé l'entreprise actuelle, conformément aux statuts et règlemens de l'Académie royale de Musique, de manière qu'à raison de ces engagemens et traités l'Etat ne puisse être exposé à aucune répétition.

Il leur est interdit de vouloir modifier en rien, sans notre autorisation, soit par une augmentation ou une diminution d'appointemens, soit par des congés de réforme ou de retraite, la cou-

dition des artistes ou employés attachés à l'Opéra, avant le
1er juin 1830, et subissant des retenues au profit de la caisse des
pensions, quel que soit leur temps de service, qu'ils aient ou
qu'ils n'aient pas droit à la pension, et qu'ils soient consentans ou
non. Les règlemens seront, du reste, observés à l'égard de ces
artistes ou employés pour leur avancement, ainsi que pour leur
passage d'un emploi à un autre, en cas d'affaiblissement de
moyens.

Les entrepreneurs ne pourront arbitrairement priver ces artistes
de leurs rôles et de leurs feux, et ils devront soumettre à
notre approbation les raisons de ces mesures.

Les amendes encourues ne pourront leur être remises sans
notre autorisation ; elles seront versées, chaque mois, à la caisse
des pensions.

Aucun ne pourra être destitué sans notre autorisation ; les en--
trepreneurs pourront seulement prononcer une suspension de
service jusqu'à notre décision, qu'ils devront demander sans délai.

Les difficultés qui surviendront entre les entrepreneurs et ces
artistes et employés, à raison de leurs engagemens et des règlemens,
ne pourront être portés devant les tribunaux par les entrepreneurs. Il sera statué sur ces difficultés comme il sera
établi plus bas, si lesdits artistes et employés n'aiment mieux recourir à la juridiction ordinaire.

Art. 43.

Si en cas de difficultés avec les artistes et employés de l'Académie royale de Musique, les entrepreneurs suspendaient le
paiement de leur traitement, nous nous réservons le droit d'ordonner, ou, en cas de refus des entrepreneurs, d'effectuer sur
la subvention échue le paiement desdits traitemens en tout ou
en partie.

Art. 44.

Les artistes ou employés de l'Académie royale de Musique

retraités ou réformés avec pension entière ou proportionnelle, ne pourront être réemployés à l'Opéra, sans que l'administration en soit avertie, afin qu'elle puisse empêcher le cumul d'une pension avec un traitement d'activité.

ART. 45.

Les engagemens, traités ou marchés autorisés par le précédent entrepreneur avec les artistes, auteurs, compositeurs, employés, entrepreneurs et fournisseurs, seront à la charge des entrepreneurs actuels.

Par les engagemens contractés depuis le 1er juin 1831 et ceux qu'ils pourraient contracter à l'avenir avec de nouveaux sujets, les entrepreneurs ne seront point tenus de se conformer aux statuts et règlemens de l'Académie royale de Musique, et les difficultés qui naîtront de ces engagemens seront soumises à la juridiction ordinaire.

Néanmoins, ces artistes seront soumis aux peines disciplinaires des statuts et règlemens de l'Académie royale de Musique; il ne pourra leur être accordé de congé sans notre autorisation.

ART. 46.

Les entrées gratuites à l'Académie royale de Musique se divisent en entrées de droit et en entrées de faveur.

Les entrepreneurs seront tenus de souffrir la jouissance des entrées des personnes que nous reconnaîtrons y avoir droit et dont la liste leur sera notifiée. Cette liste sera révisée tous les ans. Il nous sera loisible d'y ajouter toutes les entrées qui seront motivées sur des mesures sanitaires, d'inspection, de sûreté et de police. Jouiront, en vertu d'entrées gratuites, le directeur, les inspecteurs et les professeurs titulaires du Conservatoire de Musique, à toutes places; les anciens premiers sujets de l'Académie royale de Musique pensionnaires, à l'orchestre, à l'amphithéâtre et aux secondes de côté; et les autres artistes, jouissant de pension entière, aux troisièmes de côté et aux quatrièmes. Ces entrées seront pareillement de droit.

Les entrepreneurs seront tenus de soumettre à notre approbation la liste des entrées de faveur qu'ils jugeront convenable d'accorder. Les entrées ne pourront être accordées pour plus d'une année, à moins d'une nouvelle autorisation.

Il est interdit de vendre des entrées dans la salle pour plus d'une année.

Il est pareillement interdit de vendre des entrées sur la scène et dans les coulisses. Il n'en pourra être accordé sans notre autorisation aux personnes étrangères au service du théâtre.

Les entrepreneurs ne pourront refuser un échange d'entrées gratuites pour les premiers sujets entre l'Académie royale de Musique et les autres théâtres royaux. L'administration se réserve le droit d'intervenir pour maintenir et régler cet échange.

Art. 47.

La loge n°   sera affectée au ministre de l'intérieur.

La loge n°   sera affectée aux préfets de la Seine et de police.

La loge n°   sera affectée aux élèves de chant, pensionnaires du Conservatoire de Musique.

Les entrepreneurs laisseront jouir M. Lepaute ou ses ayant-droit de la loge qui lui est due une fois tous les dix jours, ainsi que toute autre personne qui justifierait d'un droit légitime de propriété.

Il leur est interdit de faire des concessions de loges à titre onéreux ou gratuit pour plus d'une année. En cas de résiliation, ou à la fin de l'entreprise, l'État ne reconnaîtrait pas les con cessions.

Art. 48.

Les entrepreneurs seront tenus de se conformer sans délai aux règlemens de police existans ou à établir, et d'exécuter à leurs frais, sous la surveillance et, au besoin, sous la direction des agens de l'administration, les travaux qui pourraient être prescrits par le préfet de police contre l'incendie et pour la salubrité de la salle.

Il est bien entendu que les entrepreneurs ne seront pas tenus des gros ouvrages de sûreté qu'on ne peut exiger d'un locataire, mais ils devront souffrir qu'ils soient exécutés par l'administration sans pouvoir exiger d'indemnité.

Art. 49.

Le droit aujourd'hui perçu ou à percevoir à l'avenir au profit des indigens sera à la charge des entrepreneurs.

Si ce droit venait à être diminué ou supprimé, la subvention pourrait être proportionnellement diminuée.

Art. 50.

Les entrepreneurs s'engagent à donner au profit de la caisse des pensions autant de représentations qu'il sera nécessaire pour assurer à cette caisse une somme de 20,000 fr. par année.

Ces représentations auront lieu le Dimanche.

Art. 51.

A la fin de chaque mois, les entrepreneurs devront verser à la caisse des dépôts et consignations, pour le service des pensions de l'Académie royale de Musique, les retenues et amendes qu'ils continueront de prélever sur le traitement des artistes et employés qui acquièrent des droits à une pension.

Art. 52.

Il est alloué aux entrepreneurs, pendant la durée de l'exploitation concédée par l'arrêté ministériel du 25 mai 1840, une subvention annuelle de 620,000 fr., payable par douzième, à la fin de chaque mois.

Art. 53.

Les entrepreneurs seront tenus de fournir, avant leur entrée en jouissance, pour la garantie de l'exécution de leurs engagemens de toute nature relatifs à l'exploitation de l'Académie royale de Musique , un cautionnement de 250,000 francs , représenté par une inscription de 12,500 francs de rentes cinq pour cent.

Ce cautionnement, ainsi que la portion de subvention échue, seront affectés, par privilége, à toutes les reprises, indemnités, amendes, dommages-intérêts que l'administration pourra avoir à réclamer des entrepreneurs.

En conséquence, il sera fait déclaration à la caisse des dépôts et consignations que le cautionnement qui a dû être précédemment déposé par M. Duponchel, est et demeure affecté aux cas de l'exploitation actuelle de MM. Léon Pillet et Duponchel. Ils devront nous justifier de cette déclaration dans le mois qui suivra la signature du présent arrêté.

Art. 54.

Pour obtenir le paiement de la subvention, les entrepreneurs devront remettre au ministère, à la fin de chaque mois : 1° un double de l'état émargé des traitemens du mois précédent; 2° la quittance du droit des indigens pour la dernière quinzaine du mois précédent et pour la première quinzaine du mois courant; 3° le reçu du caissier de la caisse des dépôts et consignations, constatant le versement des retenues et amendes au profit de la caisse des pensions; 4° à la fin de chaque trimestre, le reçu dudit caissier, constatant le versement du quart de la somme qu'ils sont obligés à verser dans la caisse des pensions au bénéfice de ladite caisse; 5° a la fin de chaque trimestre, la quittancé des primes dues à la compagnie d'assurances; 6° les quittances de l'impôt de patente, et, s'il y a lieu, des contributions,

Art. 55.

Sera produit, en outre, pour le paiement de la subvention, un certificat constatant l'exécution, pendant le mois précédent, des

8.

obligations résultant du présent, lequel certificat, pour être valable, devra être revêtu de l'approbation du président de la Commission des théâtres royaux et du Conservatoire de Musique, ou, en son absence, du vice-président, ou, à son défaut, d'un membre de ladite Commission, délégué par elle à cet effet.

Il sera rédigé par un commissaire royal attaché à la Commission et chargé spécialement de la surveillance de l'entreprise.

ART. 56.

La Commission des théâtres royaux, composée de MM. le duc de Coigny, pair de France, président; de Kératry, pair de France, vice-président ; le baron de Lascours, pair de France; le marquis de Louvois, pair de France; Edmond Blanc; Lacaze, député; Chaix-d'Est-Ange, député; Armand Bertin et d'Henneville, sera, avant toute décision, consultée par nous sur toutes les difficultés qui pourront s'élever relativement à l'exécution du présent, et, en outre, sur la prolongation du bail, sur la convenance des ouvrages nouveaux, sur le morcellement des ouvrages anciens , sur les entrées de droit et de faveur dans la salle et sur le théâtre, dans tous les cas d'autorisation et de dépense à demander par les entrepreneurs, sur toutes les questions intéressant l'art, la prospérité, la dignité et la conservation du théâtre, et enfin sur les dispositions réglementaires qui pourront naître du présent arrêté.

Dans ce cas, le commissaire royal pourra également assister à ses délibérations avec voix consultative seulement.

Le directeur des Beaux-Arts pourra également assister à ses délibérations, avec voix consultative seulement.

ART. 57.

Les contestations qui s'élèveraient sur l'exécution des clauses du présent arrêté, les difficultés qui surviendraient entre les entrepreneurs et les artistes employés de l'Académie royale de Musique, soumis aux retenues, seront déférées à la Commission, qui donnera son avis au ministre, lequel statuera , sauf recours au conseil-d'Etat.

Art, 58.

En cas de démission d'un ou de plusieurs membres de la Commission, le membre ou les membres remplaçans seraient nommés par le roi. Il en serait de même en cas d'adjonction de nouveaux membres.

Art. 59.

La Commission se réunira dans le local de l'Académie royale de Musique, consacré à ses séances, ou chez son président, ou au ministère de l'intérieur, lorsqu'elle sera convoquée.

Le ministre pourra la présider.

Art. 60.

Les entrepreneurs seront tenus de donner, sans délai, tous les renseignemens qui leur seront demandés, soit par l'administration, soit par la Commission des théâtres royaux, soit par le commissaire royal, de communiquer, au besoin, tous les documens, registres et papiers, et de permettre toutes les visites de lieux pour les vérifications nécessaires.

Art. 61.

Les dispositions qui précèdent sont toutes de rigueur, l'autorisation d'exploiter le théâtre de l'Académie royale de Musique n'étant accordée aux entrepreneurs que sous les conditions de leu r pleine et entière exécution.

Chaque contravention aux dispositions du présent arrêté pourra entraîner contre les entrepreneurs une amende de 1,000 à 10,000 francs, qui sera prononcée par la Commission et prise immédiatement ou sur la portion échue de la subvention ou sur le cautionnement, qui, dans ce cas, devra être complété dans les vingt-quatre heures, sous peine de résiliation.

Ces amendes appartiendront à la caisse des pensions.

Après six condamnations à des amendes de 5,000 francs et au-dessus, encourues dans une période de trois ans, la présente concession pourra être annulée.

La Commission pourra pareillement condamner les entrepreneurs aux dépens et à des dommages et intérêts, indépendamment des amendes.

ART. 62.

La résiliation de l'entreprise concédée par le présent arrêté pourra avoir lieu de deux manières :

1° Par la faute des entrepreneurs. Dans ce cas, le privilége de l'Académie royale de Musique fera retour à l'administration, exempt de toutes dettes, obligations, concessions et charges provenant du fait des entrepreneurs. Elle sera libre de prendre pour le compte de l'Etat ou de laisser à la charge des entrepreneurs les engagemens ou traités contractés avec eux.

2° Par le refus du vote total ou partiel de la subvention: En ce cas, l'entreprise sera résiliée de droit dans les six mois, après la notification aux entrepreneurs, du retranchement opéré au budget, à moins qu'ils ne consentent à subir un retranchement et à continuer l'entreprise avec la subvention réduite. Dans le cas contraire, il sera fait une liquidation, et l'administration s'engage, autant que les crédits ouverts par les lois de finances lui en donneront les moyens, à tenir compte aux entrepreneurs des pertes réelles et dûment constatées qui résulteraient de ce cas de force majeure. Mais si, le cas échéant, les entrepreneurs avaient contracté des engagemens de plus de deux ans de durée, à partir du jour de la notification, et que l'administration ne consentît pas à les prendre à la charge de l'Etat, elle ne devrait aucune indemnité pour le temps qui dépasserait ces deux années.

Paris, le 1er août 1841.

Signé: T. DUCHATEL.

Nous soussignés, après avoir pris lecture de l'arrêté ci-dessus, déclarons accepter, dans tout leur contenu, les conditions qu'il nous impose, et nous obligeons à les remplir fidèlement, et à subir toutes les conséquences de leur non accomplissement.

Paris, le 1er août 1841.

Signé: DUPONCHEL,
LÉON PILLET